教育家書院丛书·游学系列
顾明远／主编

理智 情感

中国校长芬兰、以色列考察笔记

郭华／主编

教育科学出版社
·北京·

为教育家的成长搭台

教育家书院成立的宗旨，就是想为那些热爱教育事业，长期从事教育工作，做出了优异的成绩，有自己的教育思想和先进理念，希望进一步对教育有所研究，并且形成自己的教育风格的优秀教师、校长成长为教育家，搭建一个平台。

教育家不是随着教龄的增长而自然成长的，学习和提升是教育家成长的必由之路。只有不断学习钻研，不断反思自己的教育行为，总结提高，上升为理性认识，才能有成熟的经验和理论，才能有自己的教育风格。优秀教师要提高，不能只围绕着中小学的教材转，也不能只是学习教育理论，更重要的是要提高整体素养，养成教育家的气质。教育既是科学，又是艺术，艺术需要有点悟性，教育也需要有点悟性。悟性从哪里来？就是从整体素养中来。

掌握教育规律是一名教育家成长的必由之路。教育家书院就是要帮助一批优秀校长和教师在繁忙的教育教学工作之余，能够静下心来，读一点书，听一些各领域专家的讲演，考察一些国内外的学校，以扩大他们的视野，提升业务水平。通过考察、讨论、研究使他们对教育现象的感性认识上升到知性认识，再提高到理性认识。仅有教育经验不能成为教育家，只是一名教书匠。教育家必须有对教育规律的理性认识，并在教育实践中不断实践，不断提升，悟出教育的真谛。

在教育家书院这个学习园地里，兼职研究员不是单向地学习，而是互相学习，互相切磋，共同提高。在北京师范大学（以下简称“北师大”），每年有几千名新教师要走出校门奔向全国各地的中小学校，还有几百名在职攻读教育硕士学位的教师。他们不仅需要学习教育理论，提升学科知识水平，而且要理论联系实际、学与思结合、知与行结合。教育家书院的兼职研究员也给北师大进行教育学习和研究的师生带来了鲜活的经验，有利于改造他们的学习。

为了给兼职研究员创造更多学习、交流和提升的机会，教育家书院的主要活动包括以下几方面——

一是高端学术讲座和研讨。邀请来自教育学、心理学、哲学、经济学、社会学、文学、历史学、自然科学等各个领域的专家为兼职研究员开设讲座或与他们进行座谈。

二是名师名校长讲席。请兼职研究员向北师大的师生介绍他们的教育思想、办学理念和教育教学经验。

三是学校诊断与改进系列活动。组织专家对兼职研究员所在学校及地区的教育教学情况进行全面的考察和诊断，形成诊断和改进报告反馈给学校。在此基础上，收集大量不同地区、不同类型、不同年段的学校诊断案例，形成学校改进的理论模型。

四是国际教育考察。组织兼职研究员到有教育特色的国家进行实地考察，通过观摩课堂教学、与师生及教育行政机构的人员进行座谈等活动，体会不同的文化和教育理念。

五是兼职研究员和北师大的合作教授共同进行课题研究。这些研究立足于研究员本人、本校的教育实践，既能提升其理论素养，又有助于解决实际问题。

通过这些丰富的活动，不仅兼职研究员有了许多收获，觉得教育观念有了变化、教育思想有了提升，而且教育家书院也积累了大量的、丰富的教育资源。为了使这些教育资源不至于流失，教育家书院决定编辑出版《教育家书院丛书》。丛书包括以下几个系列。

聆听系列：收集各领域的专家在书院所做的报告；

研究系列：收集兼职研究员在书院开展课题研究的成果；

游学系列：收集兼职研究员进行国际考察的报告、感想、体会等；

讲习系列：收集整理兼职研究员在书院“名师名校长讲席”中所做的讲演；

对话系列：收集整理兼职研究员与书院讲座教授对话实录；

行动系列：收集兼职研究员在进行“学校诊断与改进”考察活动后的考察报告和实践收获；

成长系列：收集兼职研究员个人成长历史资料等。

教育家书院成立两年来，兼职研究员通过各种活动，有了许多收获，不能说都已经成为教育家，至少向教育家迈出了一步。因此，两年的时间虽短，内容却很丰富，有必要把这些资源收集整理；长期积累起来，它们就会变成教育研究极为宝贵的财富。在教育家书院的首批研究成果即将出版之际，写以上几句，是为序。

2012年3月4日于求是书屋

目录

CONTENTS

第 3 章　创新中的理性

第 4 章　教会学生生存

第 5 章　教育即生活

好的教育都是相似的

2011年，教育家书院去美国考察时，我们以局外人的观察者视角，发现了许多中美之间的差异。我以“世界上没有两片相同的叶子”为题，为《差异？差距？——中国校长美国考察笔记》写了前言。

2012年、2014年教育家书院先后去芬兰等北欧国家和以色列做教育考察。出发前，我们也定了非常明确的考察主题，例如，考察芬兰学校的课程、教学与教师培训，弄明白以色列天才教育的基本思路与课程设置。但是，在考察的过程中，在与对方的交流过程中，我们观察者的身份慢慢淡化，在当地的教育现场，我们从观察者转变为轻度的参与者、体验者，去切身感受、体验他们的教育活动。当我们去感受、去体验、去参与的时候，会发现，真正能够打动人，也是难以直接学到的，是如何“用心”，如何把外在的课程、环境以及种种物质条件和所有的活动，变成孩子能够自在生活的环境，如春风化雨、润物无声。

“见贤思齐，见不贤而内自省也。”考察的过程中，我们边观察、边思考、边讨论，竟然慢慢地从考察具体的事项，上升到了相对抽象的精神境界的讨论上。国家不同、文化不同、制度不同，有些东西是学不了的，但好的教育是共通的，尤其在精神层面是相通的。真正好的教育，不仅超越了制度、超越了物质条件，也超越了具体的教学法，而与教育信念、生活态度有关。好的教育，从来不直接指向PISA（国际学生评估项目）成绩，也从来不紧盯着“诺奖”，好的教育是帮助人成“人”的，是向善、向好、向上的。

好教育的形态，是理智与情感的统一，是头脑与心灵的共舞。

一、用高尚的精神境界来感染人

遇到合适的场合，我特别乐意分享不经意间遇到的感动。在北欧、以色列，也有这样的感动。

（一）每一天都是美好的

Kfar Shmaryahu Hof Hasharon School 的校长高大英武，却意外地和蔼亲切。他曾在部队服役，位至中将，退休后到了这所小学。这样一位曾经的军人，在处处是小朋友的校园里却丝毫没有违和感，甚至非常和谐。他的高大，映衬着小朋友的娇小可爱；他的和蔼宽容，凸显着孩子们的调皮可爱；他沉稳缓慢的步伐，好像是为了让孩子们有时间来到他的身边环绕着他欢笑。他的办公室就是门卫室，大门永远对所有的教师、学生、家长敞开着。我们到访时，简单的欢迎仪式之后，他便向我们说：我的父母是在天津长大的，是中国人救了我们。他对中国人的友好是发自内心的感恩，不是客套，没有虚饰，满满的都是真诚。

但是，真正让我觉得他特别的，是他对一位校长提出的问题的回答。也正是这个回答让我对这位只相处了半天的校长念念不忘，成为我生命中一段重要的记忆，甚至成为我思考人生价值的宝贵参考资料。当时，一位校长问他：您觉得在部队工作好，还是在学校工作好？两者有什么区别？您更喜欢哪一个？

他的回答竟然是：这两项工作都是我喜欢的。我在我最合适的年龄从事着最合适的工作。我现在的年龄不适合再去做我当年在部队做的工作了，同样，当年的我也做不好现在的学校。我感恩我能有机会做这样两个完全不同但都有意义的工作。

本来一个常见的问题，但因他的这个回答，使得那个问题变得狭隘而境界有限。

这种积极的心态、高尚的境界会在日常生活的细节处、在孩子们生活的最切近处对孩子们发生影响。我们中国人常说身教重于言教，就是这个道理。

（二）祈祷明天的太阳早一点升起

另一位令我印象深刻念念不忘的也是一位老校长。这是我们要离开以色列之前去的最后一所学校，但依然令我们惊讶。这所学校属于某个基布兹，从幼儿园到高中，这个基布兹的所有孩子都在这里读书。校园辽阔、学生众多。校园里有悠闲漫步的公鸡、母鸡和孔雀，有规划整齐的庄稼地，有巨大的奶牛场，甚至还有一个马戏团。在这样的环境下，

校长和孩子们在一起

想不到的是竟然有明亮的教室、先进的教学仪器和设备，有非常具有创意的学生作品，更有亲如一家人的校长、教师与学生在一起的温馨画面。而校长呢，就像你脑海里想象到的最典型的农民大伯一样，笑容淳朴、眼神纯净、言谈爽朗而可爱，忙里忙外地愉快地张罗着，丝毫没有身为一个大校校长的威严。当他带着我们坐着拖拉机巡视他庞大的校园时，我们已经像多年的老朋友一样，谈起他多年前的往事。

他说，他在这里度过了他的少年、青年时代，在这里收获了纯洁而美好的爱情，大学毕业后他和夫人一起回到母校当老师，后来他又成了校长。“年轻时候我是很帅的，是我夫人追的我。”他笑了起来，“她追得很猛，所以，我只好答应了！”我们爆发出了哈哈大笑，为了明显的“此地无银三百两”的小伎俩。哈哈大笑过后，我真的被他感动，感动于他幸福的炫耀，感动于他步入老年后还能如此幸福地回想年轻时的美好，感动于他能够对初见面的人敞开心扉放松地与我们度过每一刻而并不公事公办地冷漠应对。他对我们说，他很幸运能够在自己上学的学校里当教师、当校长，他一生中最美好的回忆和最幸福的生活都在学校里，没有比这儿更幸福的了。

与这位校长和他的同事、学生们共度了半天之后，我们要离开学校、离开以色列了。我们的一位校长离别时问起这位与我们已经成了“老朋友”的校长：“你管理这么大一个学校，很辛苦吧？”这位老校长一脸真挚地说道：“不累啊。每天晚上睡觉前我都会祈祷，祈祷第二天的太阳早点升起，这样我就可以早点到学校来工作了！”

挥手离别，上车，校长目送我们离开。这位像邻家大爷似的校长，令人敬佩、感动。他忘我的工作，但不让人觉得高大而只觉得亲切、平凡、真实。他不是在工作，而是在生活；他不是在奉献，而是在全副身心投入的生活中获得乐趣和幸福。这样一位校长，让那些把工作当作赚钱工具的人，显出“小”来，也让那些想要凭借工作争名争利的人，生出羞愧。

老校长的朴实、真实、平凡，会影响到学校中的孩子们。他们也会和他一样，以做事为乐，在努力工作中获得幸福和自尊。

（三）有价值的事情总会有时间去做的

我们在以色列参观的第一所学校是我们常说的那种重点小学。这所小学环境好、师资强、课程丰富多样，处处都显示出这是一所好学校。

➤ 校园墙面彩绘的和平鸽

➤ 走廊墙面上的和平鸽

在这所占地面积并不大的学校，一进校门就见到墙面上彩绘的和平鸽，进到教学楼里，又会见到走廊墙面的和平鸽。和平鸽在天空飞翔、孩子们在草地上嬉戏、全家人平和地望向远方的儿童画，平静而强烈地表达着人们向往和平的内心愿望。

在这所学校，包括我们参观过的其他学校，除了和平鸽以及和平鸽所表达的意象之外，看不出任何战争的影子。孩子们是正常的学习生活的状态。

让我们感兴趣的是，这所学校有一位从中国留学回国的中文教师，她负责中文选修课的教学工作。看得出来，她的教学很有效果。为了欢迎我们的到访，孩子们贴出了欢迎标语，还用汉语朗诵了一段欢迎词，表达他们对中国客人的情谊。

欢迎我们的墙面装饰

学校的社团活动、选修课多样，给予学生极大的选择权，让学生在上学期间就体会选择的权利，培养他们选择的能力。这种自己做主的情形，在社团活动中表现得尤为突出。考察期间，正好遇到一个体育社团在策划一次活动，孩子们周密的思虑和一本正经的策划以及间或的争论，在我们看来非常有趣。

学校开这么多的课程、这样的活动，时间是如何保证的？就这个问题，参访团的成员与校长讨论了起来。最初，校长是从技术层面解释的，解释如何保证有时间开设这些课程、开展这些活动。在几个参访团成员的不断追问下，校长似乎有些“招架”不住了。于是她很严肃地说:“如果你认为这活动是有价值的，就总会找到时间去做的。”我大以为然。

较之技术上的设计与实际操作的可能性，价值立场和价值追求大概才是办好学校的第一要素。有全局观、有追求，才能寻求技术上的设计与突破。反之，只执着于技术、操作，不可能从整体上为学生发展创造条件。

➤“你认为这活动是有价值的，就总会找到时间去做的”

➤ 向 The Yanush Korchak Community State School 校长赠送教育家书院纪念品

二、乐观的情绪与理智的力量

犹太人虽然有苦难的过往，但他们却有着乐观的心态、积极向上的精神。上面提到的三位校长，就是普通犹太人的代表。

（一）对美好生活的向往

巴以冲突世人皆知，去以色列之前，听人说那里安全而井然有序，完全不能想象。只有到了那里，才知所言不虚。

著名的戈兰高地是到访以色列的必去之处。在那里可以鸟瞰曾经的战场，就像面对清晰的沙盘推演曾经的战争一样。我们到达戈兰高地时，叙利亚内战打得正酣。天气晴好，炮声听得到、炮火看得到，近在咫尺。问导游海伦："不会有事儿吧？""没事儿！"海伦丝毫不受炮火的影响，为我们讲述以色列历史，讲巴以战争，讲叙利亚内战。这份从容的劲头不知是从哪儿来的。大约是因为，战争作为和平的反面，更能让人体会到美好生活的意义。是得过且过，还是让每一分钟过得更精彩、更有价值？这是一种价值选择，也是生活态度。以色列人不仅要正常生活，还要活得积极、活得美好。

戈兰高地上的联合国战事观察员

通向戈兰高地的路上，塑料瓶被收在矩形的透明筐中，像是后现代艺术的装置；路边用废料制成的小动物竟然憨态可掬；向游人出卖旅游纪念品的小店窗明几净，娇嫩的小野花被精心地养在花盆里……除了炮声不时传来，没有其他迹象能看出这里正有一场战争。

戈兰高地上的艺术品

戈兰高地上的纪念品商店外窗

在以色列，到处可见年轻的士兵。哭墙、死海，都有大量的士兵，我们都遇到过。他们年轻、腼腆、友好，他们眼神纯净、有活力。导游海伦说：一个国家是否爱好和平，要看她的士兵、看士兵的眼睛。可贵的是，在战争的和平期，我们看到了士兵眼里的友好和纯净，看到了他们和普通年轻人一样的可爱和调皮，他们爱自拍、爱扎堆、爱展示自己的美好。热爱和平，是普通人共有的价值观，在战争频仍、战火随时可能点燃的地方，有着这样眼神的士兵，让我们相信和平是可能的、可贵的。这样的士兵是怎么来的？与家庭教养、与社会中每个人的修养、与学校教育分不开，与他们的整个生活分不开。孩子们的样子，是整个社会环境、精神风貌的反映。

（二）理智的力量

人们知道以色列是以犹太人为主体的国家；知道爱因斯坦、马克思、扎克伯格是杰出的犹太人；知道犹太人聪明，有大量的诺贝尔奖得主；知道以色列有著名的希伯来大学、魏茨曼研究院；知道以色列现代化程度高、经济实力强，有先进的科学技术，是一个发达国家；知道以色列的生活水平高、生活环境好……但是，很少有人知道这是一个沙漠面积几乎占国土面积一半的国家，是严重缺乏淡水的国家。因为，当你置身以色列时，几乎看不到沙漠的痕迹，处处是绿树、鲜花，普通人家的窗台上也有鲜花盛开，干净整洁。

以色列人用自己的智慧、勤劳向往和实现着心中的美好生活，在资源缺乏之地，建成一个民主自由的、现代化的发达国家，令人敬佩。

在以色列的参访过程中，在梅厄夫人的自传《我的一生》中，我们都能感受到这种强烈的情感以及为之付出的坚持与能量。可贵的是，他们能够把这种强烈的信念和愿望转化为现实的力量。智慧、创造性以及教育的作用不可或缺。

例如，在沙漠上造出绿洲，除了源自犹太人建设自己家园的强烈愿望之外，更重要的是他们有海水淡化技术、滴灌技术。再例如，以色列并不是钻石的主要产地，却是世界上最大的钻石加工出口国。原因当然是因为犹太人有最好的切割工艺，有最顶级的设计。正是有类似的坚实的理智基础，以色列才成为如今的以色列。

密布的滴水灌溉管道

三、教育是理智与情感、头脑与心灵、知识与境界的统一

在芬兰访问时，导游特别有感触地说：芬兰人对孩子是真的用心，认为每个孩子都是上帝的礼物。以色列同样关注孩子的教育，他们认为孩子是民族的未来，孩子们是什么样的，民族的未来就会是什么样的。我们在考察中深切地感受到，无论是芬兰还是以色列，都能够理智地为孩子着想，为孩子的发展做各种积极的努力。

（一）向学生展开世界

在芬兰，有专供大人体验小孩子动作困难的高大桌椅，提醒大人要从孩子的视角看世界；也有提升孩子视野的高椅子，为的是他们能够不局限于现有的视野而能见到更广阔的世界。

在以色列，最知名的希伯来大学设有青少年活动中心，大学教授和顶级科学家为中小学生讲课、做实验，把深奥的科学原理转化成学生能够进行操作和思考的小实验，用心而周到。尤其可贵的是，这些实验的仪器大多并不昂贵，或以生活中常见的器具做替代，或者是最基础的、能够让孩子们自己动手制作的简朴材料。无论是实验本身还是实验材料，都能让孩子们体会到科学实验与生活的零距离。

希伯来大学青少年活动中心的教师演示科学实验

著名的魏茨曼研究院，也设有青少年活动中心。如果说希伯来大学的青少年活动中心是用孩子们可理解的方式带领孩子们走向科学世界的话，那么，魏茨曼研究院的青少年活动中心，则通过精心的设计，让小朋友们通过自己动手、观察和

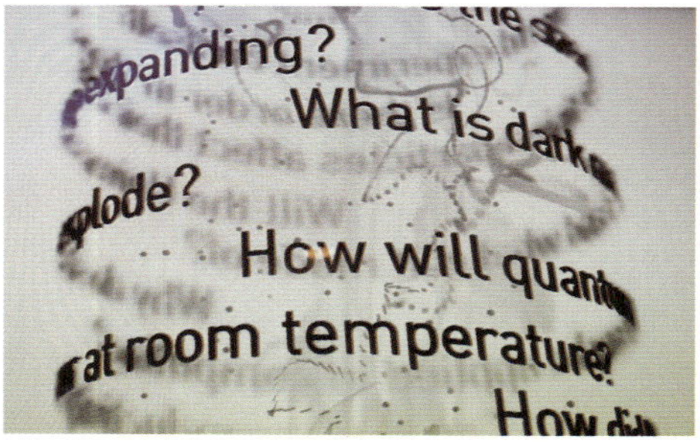

魏茨曼研究院接待中心的问题光柱

思考，去发现生活中的科学，理解科学，发现科学与生活的关系。魏茨曼研究院的接待中心，迎面可见一个问题光柱，催发你的大脑转动起来。

青少年活动中心的工作人员的T恤背后也是一个大大的问号。这里可不是疯玩的地方，要认真观察思考，处处都会让人感到惊讶。活动中心让每一个地方都值得你动脑筋。例如，如果你足够细心，会发现道路两旁的高杆上有格式塔图像，随着距离的变化，你会看到同一个装置会显出不同的图像，走到近处，它会变成爱因斯坦。

▲ 拉索桥上的格式塔装置

无论是希伯来大学还是魏茨曼研究院，设立青少年活动中心的目的，是让孩子们接触到最好的资源，在最便利的条件和环境中自觉地成长。

（二）创设自然可亲的教育环境

学校的设计更是如此。校舍无一例外地朴素，但功能完备。教学、实验、运动、玩耍，孩子们在这里生活和学习感到自在、自如、舒心、安全，能够把自己与环境完全地融为一体。由于战争的原因，每所学校都有防空教室，即使在战争状态下，学校里的学生也可以在相对安全的环境下正常学习。在这里，校园就是孩子的乐园，是为孩子的活动和发展而建的，并不追求高档奢华。

防空教室

虽然朴素，但依然很美。校园里的艺术品大多出自学生之手，自然、稚朴、充满童趣。校园的设计，看似无心，实则用心更甚。这样的校园把学习与生活联系在一起，在多样丰富的情境中从事严肃严谨的科学学习，将理智与情感完美地融合一起。

看到这样的校园，也许你会想到，孩子们正是在这里，从自己当下的生活和经验出发，经过学校生活，走向书本所呈现的更广阔深邃的世界，再返回到校园中留下自己对世界的稚嫩探索，从而走向更广阔的未来世界。

校园里的艺术品

（三）铭记历史，创造未来

在以色列访问期间，导游海伦每天随身携带的最重要的东西，是以色列的历史年表。这个年表由大小相同的几个封塑的长方形连接而成，易折叠，易携带，全部展开会有几米长。海伦刚把我们接到大巴车上，就拿出了这个宝贝给我们科普以色列的历史，此后每天都要拿出来，不断科普，将某个年代与某个地点对应，或者把某个时间与某个人物、某个事件对应。所有拿出来讲解的历史，都依然有着鲜活的生命，都还有意义。以色列国家博物馆室内珍藏的“死海古卷”和室外的“第二圣殿”模型以及耶路撒冷的犹太人死难者纪念馆都令人震撼。抛去其他更复杂的因素，单就以色列对历史的尊重和铭记，这个民族就值得敬佩，这也是这个民族能够发展的重要因素。

位于耶路撒冷的死难者纪念馆

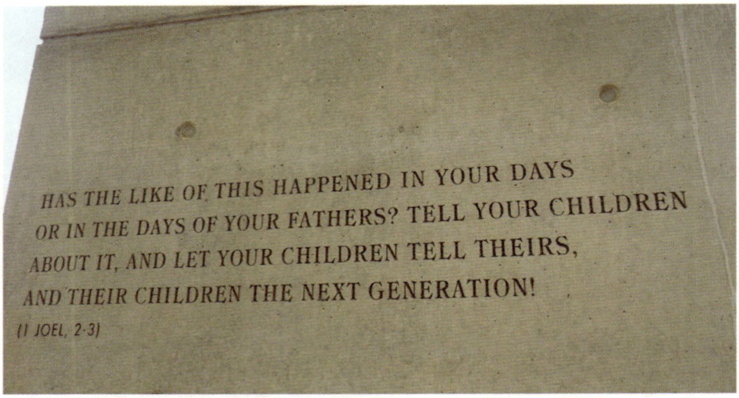

死难者纪念馆外一廊柱上的铭文：世世代代铭记历史

有历史感的民族才会更自觉地创造美好未来。教育就是让学生了解历史、融入历史，就是让学生能够站在历史的高山上（或废墟上），去展望未来、创造未来。

对于不同国别的教育，人们通常会贴上易于辨别的标签，例如：芬兰，PISA 测试成绩优异；以色列，精英教育；中国，基础扎实；美国，自由、创造……但是，这些标签都只是表面的刻板描述，丝毫不能揭示鲜活而复杂的教育活动，更何况，真正的教育在根本上是相通的、相似的。真正的教育，是文化水平与精神境界的共同提升，是情感与理智的统一，是头脑与心灵的共舞，是融汇历史、现实与未来的社会实践。

郭　华

2016 年 5 月 20 日

秋天，我们在芬兰

教育家书院兼职研究员于2012年考察芬兰教育。考察人员简介——

后排站立者左起：谭静（北京市建华实验学校执行校长），俞正强（浙江省金华师范附属小学校长），林良富（浙江省宁波万里国际教育集团副总裁），罗虹（重庆市巴蜀幼儿园园长），潘望洁（时任江苏省无锡市滨湖区育红小学校长），苏虹（辽宁省沈阳市第四十三中学校长），马丽娜（河南省安阳市人民大道小学校长），马新功（河南省濮阳市油田第一小学校长）；前排左起：郭华（北京师范大学教育学部教授、教育家书院执行院长），刘凌（广东省深圳实验幼儿园园长），李燕（时任江苏省无锡市滨湖区水秀幼儿园园长）；镜头外照相者为邱华国（时任江苏省无锡市蠡园中学校长）

夏天，我们在以色列希伯来大学

2014 年，教育家书院兼职研究员考察以色列教育。考察人员简介——

左起：过骏（江苏省无锡市华庄中心小学校长），王冀敏（江苏省江阴市华士实验小学校长），华志英（江苏省无锡市育英实验小学校长），郭华（北京师范大学教育学部教授、教育家书院执行院长），冯力（时任四川省成都市行知小学校长），唐建英（江苏省无锡市雪浪中心小学校长），钟樱（四川省成都市金沙小学校长），罗虹（重庆市巴蜀幼儿园园长），马新功（河南省濮阳市油田第一小学校长），宫照伟（北京中育教育集团副总裁兼海嘉幼教机构主任）

第 1 章

“人情化”空间

芬兰著名建筑师阿尔托在 20 世纪 30 年代就主张：建筑要“人情化”，即以人为本，弘扬个性探索。

这里，“人情化”空间就是不仅要为学生学习创造适宜的条件，还要为他们创造温馨的生活环境，让此环境中的每一名学生感受到空间对人性、情感、情绪的关照和对交往的激励，进而激发学生追求真、善、美的理想和热情。

芬兰一所完中（Kulosaari Secondary School）的报告厅

座位掀起就是储物箱

大同学在帮助小同学阅读

“人情化”空间和学生交往

建筑是物化的文化，学校建筑以物化的形式体现着不同的教育理念。现代学校建筑除了要满足实用性以外，更要关注人各个层面的需求，特别要关注学生交往的需求。

芬兰著名建筑师阿尔托在 20 世纪 30 年代就主张：建筑要“人情化”，即以人为本，弘扬个性探索。

在我看来，“人情化”空间就是不仅要为学生学习创造适宜的条件，还要为他们创造温馨的生活环境，让此环境中的每一名学生感受到空间对人性、情感、情绪的关照和对交往的激励，进而激发学生追求真、善、美的理想和热情。

此次芬兰之行，我们参观了小学、初中、高中、大学共 9 所学校，在每一所学校我们都能深刻地感受到这种“人情化”空间的意境以及学生真实、个性的交往。

“人情化”空间在芬兰

场所一旦形成，记忆便已开始。让我们借助图片，回忆几个场景。

场景 1 中的这个会议室是由一个主会议室和两侧的辅会议室组成。主会议室是扇形，辅会议室是长方形。白色的双人课桌、黄色的单人课桌、红色的椅子，桌椅色彩明快，可根据实际需要随意组合。主会议室可以用于作讲座、报告，前面有巨大的显示屏和相关的电

女孩子在上木工课

芬兰完中的女生在上家政课，一位女同学把刚刚完成的围巾戴在脖子上

厨艺课最后一个环节——把所有东西清洗干净，整齐摆好

场景 1：教师们在进行职初培训（赫尔辛基大学教师培训学院）

子设备；辅会议室相对安静和私密，可以进行分组讨论、个人交流等。

这是一处无论聚拢分散、人多人少、公开私密都可以找到适当空间的好地方，它轻松、素朴、实效。

场景 2 是芬兰首都赫尔辛基的一所小学（Suntarila Comprehensive School）。这里光线柔和，环境舒适安静。走廊两侧最上面张贴着学生的作品，上面三分之一处有一个 20 厘米的隔板，可以放学生们的帽子、手套等小东西。下面是名字卡，写着孩子们的名字。再下面

场景 2：芬兰小学的走廊

◀ ▲ 以色列幼儿园的环境布置

挂着学生们的外衣。地上整齐地摆放着学生们的鞋子。走廊被充分利用起来，整洁而有秩序。室内非常温暖，孩子们脱掉外衣活动非常方便。

Suntarila Comprehensive School 招收 7—12 岁的儿童。在这个校园中，广泛地开展着大同学帮助小同学的同学导师活动。在教室的门口、正厅两侧、楼梯口甚至走廊的地上，你会不时地看到，一大一小的两名儿童在看一本图书。大学生模样认真，小学生模样乖巧。从小建立帮助、合作的关系正是芬兰教育一直倡导的，小时学会合作，长大才会在竞争中处于不败之地。这种学习空间为不同孩子相互接触提供了支持与保障。

阶梯形式的报告厅也许初看起来并没有什么特别，但当我们再仔细看时，我们不禁为它的特殊啧啧赞叹。

首先，特殊在它的位置。大多国内的报告厅都独设一处，或位于顶层。这所学校是“口”字形建筑，四周是教室、办公室，中间就是这个报告厅。它位于一楼二楼四个出口的必经处，所有学生在这里会合。这是一所不分年级的学校（non-graded）。学生们就到这里从座位里面取出下节课用的学习资料，和不同的同学自然而然地接触、聊天……

其次，特殊在它的多功能。这里是学生自由交谈的地方，也是学生进行汇报演出的地方。它的设计极好地解决了空间有效利用的问题。座位也是储物箱；最神奇的是，舞台蓝色幕布拉开后，启动按钮，隔板升起，篮板降下，居然是一个标准的室内篮球场。

在 Kulosaari Secondary School，我们参观了木工课、厨艺课、缝纫课等。

在木工课上，学生们按照自己的设计，真刀实枪地钉钉子、拉锯、打磨、咬合，一会儿各式作品就大功告成。

在缝纫课上，女孩子们挑选毛线、织针、花型，穿针引线地试着不同的织法，编织着不同的颜色和纹理。

在厨艺课上，我们赶去参观时课程正接近尾声，美味佳肴并不意味大功告成，最后一道程序一定是由学生把所有东西收拾干净。在我参观的厨艺课上，6个男孩子在厨艺课结束时，清洗餐具、归类、擦拭台面，全部由自己独立完成，直到干净为止。

木工、厨艺、缝纫等课全部在“高标准”的专业教室进行。这里的“高标准”并不是“高大上”或豪华，而是简洁、实用、方便且不乏新意。

更为重要的是，所有实践类课程投放资料充足，足够充沛的原材料更好地激发了孩子们的兴趣和想象力。所有场景设计，无不与真实的生活相通，没有做比成样，没有浅尝辄止。在这样的空间中，

缝纫工具一应俱全——缝纫课使用的各式线轴

学生们锻炼了自己的双手，掌握了生存的技能，同时，也塑造了自立的性格。

为什么我们需要“人情化”空间?

芬兰学校“人情化”空间以简洁、多功能、实用、服务于人的真实需要等特点，丰富了我们这些参观者关于空间教育功能的认知。总的来说，我们呼唤“人情化”空间。

1.“人情化”空间体现着现代教育思想

学校建筑不仅是教育活动的载体之一，而且是社会发展的微观标志，它不仅反映了经济和建筑技术的发展水平，也从侧面反映了在一定时代和一定社会制度下教育的价值追求。

现代教育思想就是以人为本，为每个学生的发展做细心考量和努力，促进每一个学生的全面发展。随着以人为本观念的不断深化，学校由以满足“教育实施”为主的空间环境向以满足“学习与交往”为主的空间环境转变，学校空间环境生活化、人性化，重视室内外环境及空间氛围对学生全面发展的影响。

回顾历史，学校建筑大致经历了没有特定学校形象的阶段、具有标准形象的阶段和多样化形象发展阶段。芬兰学校的“人情化”空间当然是属于第三个阶段，即多样化发展阶段。

20世纪70年代以后，现代教育思想和实践的变化主要是在教育目标上由培养规格一致的学生向培养具有鲜明个性和创造能力的学生转变，学生不仅要掌握知识、学会学习，而且要热爱学习、体验学校生活的快乐。在教学方法上，强调学生在教学中的主体地位，由注重教师的“教”向同时关注学生的“学”发展；在课程建设上，由单一的学科课程向综合课程变化，为学生在学习中参与多样性的活动创造条件。

这种变化不仅要求教材内容和教学方式变革，作为教育硬件的学校建筑也要随之发生改变。至此，学校建筑的多样化、情趣化开始出现。芬兰学校的“人情化”空间，不仅为学生的学习创造适宜条件，还为他们创造温馨的生活环境，如走廊的衣帽区、报告厅的交往区等。学校建筑以物化的形式体现了新的教育理念。

2.“人情化”空间激发着现代教育行为

学校建筑的格局一旦形成就有了独立性，对教育变革影响日益明显。“人情化”空间更好地满足了学生多层面的需要，包括生理、安全、群体交往、自我表现、追求知识和美，强化了适应现代人发展的沟通、协作、公民性等目标。

现代教育鼓励合作、发现、体验、探究、表达等行为，而“人情化”空间激发了学生在教学活动中的参与式学习、体验式学习、小组合作学习，使学生的综合素质得到提高。

在我们参观的芬兰科学宫，所有的设施设备都允许“动一动”。在“滑轮组提起小轿车”的设备面前，我们几位参观的老师都兴致勃勃地投入其中，好好体会了一下初中物理课讲的“动静滑轮组”的原理。

在初中政治课上，桌椅被摆成了“U”形，这无疑是有利于班级讨论的；在参观幼儿园时，孩子们正在进行分组学习，在积木区，因为投放了充足的垫子，孩子们可以按照自己的想法，垒着各式各样的城堡。

3.“人情化”空间塑造着未来社会的模样

教育是面向未来的事业。芬兰对教育的未来性非常重视，专门制订“构筑未来学校”方案来指导实践。“人情化”空间以影响教育者和受教育者的教育观念和社会理想的方式塑造着未来社会的模样。

20 世纪末期，人类与环境和谐相处、尊重和善待环境的观念越来越被人们所认可，新的学校建筑就通过对再生材料和中水的利用、扩大自然光在教室中的利用范围等反映了这种观念。

就学校组织的经济效益而言，它的贡献是有限的，但是它却融汇到节约型社会的经济和文化建设中。从教育的角度看，它所体现的“尊重自然”“天人合一”“节约型社会”等环境伦理观念，会对学生发展起着持久的教育作用，进而“人情化”空间也以影响未来人的方式，塑造着未来社会的模样。

在芬兰的幼儿园，我们看到，给孩子们投放的学具是废弃的牛奶盒子。孩子们手执剪刀，把牛奶盒子剪成自己喜欢的样子，再用于做花瓶、笔筒、收纳盒。这不仅锻炼了手部肌肉的灵活性、精确性，也引导了环保的生活方式。在一所小学的墙上，我们看见孩子们把秋天的落叶捡来布置成别有韵味的装饰墙，给落叶另一种存在方式。在户外，汽车轮胎被做成秋千，孩子们在上面荡来荡去，很开心。一个孩子不小心滑落下来，被回弹的轮胎撞了一下，正当我们担心时，幼儿园老师忙告诉我们不会有大碍，轮胎是圆的，无棱角，又有一定的弹性。果然，孩子没哭，老师跑过去安慰一下后，又爬上秋千玩去了！

我想，这样的孩子在未来生活中一定会“物尽其用”。

改造我们的教育空间

教育空间的改造不仅是物质的建设，更是文化的建设。没有教育人对现代建筑的理解和参与，学校建筑的实践就会缺少现代教育的内涵和个性。

1. 基本原则——营造交往空间

当代学校建筑早已过了“粗茶淡饭，维持生存”的阶段，它不再仅仅是为师生提供一个遮风避雨的学习空间。20世纪60年代以后，以科学技术革命为推动力的“学习的革命”把对人的关怀、对年轻一代创造潜力的塑造推向教育的核心，而学生创造潜力的激发是需要环境支撑的。教育是学生社会化的过程，交往的满足是学生全面发展的前提之一。没有人与主客观世界之间多样化的交往，教学活动就无法进行。因此，教育建筑中需要设计相应的交往空间。

2. 空间改造的重要场所

我国学校教育空间设计已有了很大的提高，特别是一些新建学校对学生交往空间已开始有所考虑，但从总体上讲，我国学校建筑环境中缺乏适当的交往空间，忽视儿童成长的特点，学生行为被模式化、统一化，相应的交往空间没有得到足够的重视，缺乏对人行为的考量和满足。我们应充分认识到交往空间对教学和学生认知的重要作用，下文以“教室、廊空间、校园小景”为例说明怎样通过空间表达更多的“人情化”，以此来促进学生交往。

（1）教室

一是增加数量。发达国家的教室数量一般都按班级数的150%配备，尽量给各门学科配备专用教室。在我国，传统中小学教室数量按班级数配置，专业教室特别是非中高考科目的专业教室常常处于可有可无的尴尬境地。在优质教育资源紧张的地区，规模大的学校为了能容纳更多的班级和学生，把非考试科目的专业教室改成普通教室的现象也时有发生。一些学校的选修课、走班制、分层辅导等不能实施的重要原因就是教室数量严重不足。

二是扩大面积。我国新课程设计加大了学生的活动量，教室空间面积也应相应扩展。发达国家教室平均面积在90平方米左右（而他们的班级学生数只有25—35人），只有在这样大的空间内，才能放置学生的储物柜、书架、学生用计算机和绿色植物等。教室还要给不同任务的教学留下桌椅随意组合的空间和学生走动的空间。

三是类别多样化。教室的类别除了普通教室、专业教室，还应包括适宜个体和小组学习的“空间群”，即小教室和走廊小桌等。建设小教室是指把一两间小教室建在大教室群的中间，每间30平方米左右。这些教室只安排分层次的小班教学，或留给学生小组独立活动使用。走廊小桌是在较宽的走廊中，在不影响学生通行的地方设置的贴墙小桌，桌两旁各有一把椅子，供学生单独交谈使用。它们的存在给学生自主活动准备了空间，增强了学生的独立感和私密性，使他们的创造性活动进行方便且不受外界干扰。

（2）廊空间

我国大多数学校建筑的廊空间只做通行使用，没有发挥廊空间在驻足、集聚、交流方面的作用。

因此，在廊空间改造中，一是加宽走廊宽度，除用于行走外，还要满足学生多种室内活动的需要，比如课间小游戏、短交流、微展示等。我国的学校建筑标准就反映了这种变化，规定外廊或外内廊净宽不应小于2100毫米，中内廊宽度不应小于3000毫米，办公用房的廊宽不应小于1500毫米。实践中，一些学校的建筑设计还局部将外廊加宽到3000毫米以上，给学生当作游戏或小型表演的场地。

二是走廊设计应考虑学生休闲的需要。具备条件的学校可以在走廊一头或走廊中部，把一定空间建成小型休息空间，配置椅、凳，辅以简单花草美化环境，作为学生课余谈话或小憩的空间。如沈阳市第四十三中学崇山校区二楼环廊原只用于通行，后在保持通行功能的基础上改造成“书吧”，创造了一种轻松、愉悦、交往的氛围。

（3）创设校园小景

如果你的学校建筑古老，加之学生数量众多，楼内改造的可能性几乎没有，你也可以考虑在合适的位置建“校园小景”，让学生驻足和留恋。

沈阳市第四十三中学的怒江校区建设于20世纪60年代，相对于充沛的生源，无论教室和廊空间都没有改造的可能。学校就在进门右边绿化带挖了一个半径1.5米的喷水池，四周堆放一些景观石，养了10多条鱼，还有一簇簇的莲花，命名为“荷园”。紧张的考试过后，孩子们不约而同地来这里放松，午休到这里纳凉，有心结时和老师、同学在这里倾诉。这里成为孩子们最喜欢的地方。当孩子们久久地看着“荷园”中的荷花、悠闲自得的鱼儿时，那不仅是在和自然对话，也是在和自我、心灵对话。

结语

在现代学校创建的大背景下，“人情化”空间应成为学校建筑追求的应有之义。

（苏　虹）

Heureka，芬兰学生的另一个教室

芬兰的十月，正是雨季，我们在蒙蒙细雨中前往万塔（Vanta）市参观Heureka科技馆。

幽静的小镇，一派田园风光，Heureka科技馆就坐落在大片的草地之上。醒目而独特的标志，远看是立体的魔方，近看却只是单片

Heureka 科技馆标志

的铁皮。利用视觉误差设计的馆标正反映了科技馆的特征：一个让你探索、思考的地方。

现场感受

和我们一起进馆的是一些小学生。来到这里，他们早已轻车熟路，马上在更衣区脱下厚重的外套，准备进馆活动了。我们则戴上相当于“通关文牒”的腕带，在工作人员的引导下先观看科技馆简介，了解馆内的主要结构和活动内容。

在工作人员的帮助下，我们和孩子们一样开始了科技馆的探索之旅，在一项项充满乐趣的科技操作中感知原理，思考奥秘所在。虽说大家都去过各种科技馆，但 Heureka 还是以它独特的魅力吸引住了我们这些大人，让我们玩得不亦乐乎。

在这里，印象最深刻的是“玩中学”。Heureka 为所有的参与者提供了丰富的操作器材。

比如，来公开实验室和儿童实验室的参观者，特别是学生团体，

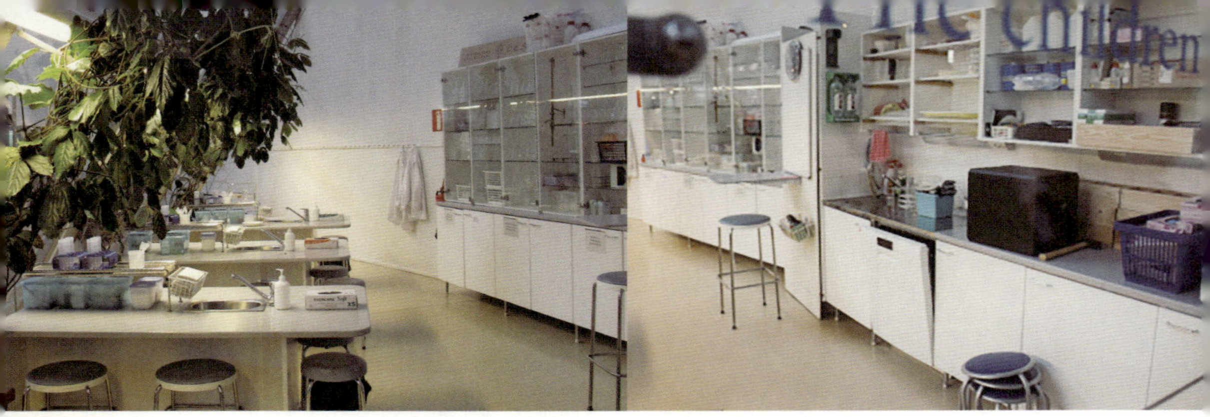

公开实验室和儿童实验室

可以通过预约使用所有的实验器材。孩子们更可以在专业的工作人员指导下通过实验操作了解自然科学领域的各种发现，学习一些简单的化学知识，培养和激发对自然科学的兴趣。

比如硬币生产流程的展示。参观者可以铸造一枚印有自己头像的硬币，了解一枚硬币从拍照、制版到刻制的全过程。当看到印有自己头像的硬币带着印模的温度滚落到自己手中时，任谁都会欢呼雀跃！

在钢丝上骑自行车

推一推，看看它的运动轨迹

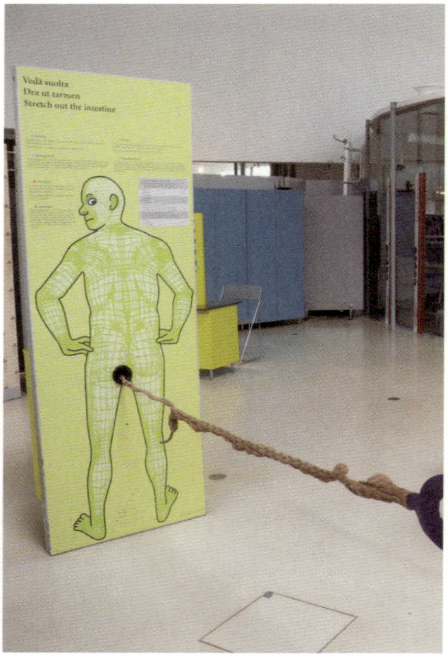

拉一拉，直观感受肠子到底有多长

还有诸如钢丝自行车，我们看到一家三口在钢丝上玩得兴致盎然，为自己的“高超本领”兴奋不已；滑轮装置，吸引我们用力拉动一辆迷你奔驰，体会一下滑轮传动的奥秘；人体消化道的展览同样让你在游戏中去了解人体消化道的结构和功能，并了解人们是如何从食物中获取营养的……听说很多的展览已经在这个科技馆中存在了数年，可依然受到大家的欢迎。看来，人人都有动手实践的愿望，边做边学是最不让人生厌的学习方式。

孩子的学习除了主动探索，更离不开成人的带领和指导。到这里来活动的学生除了会得到老师或家长的指导外，还会得到敬业专业的“科技馆老师”的关注。他们是科技馆中默默观察的一群人，只在你最需要的时候出现，为你示范，为你解决困难。他们是热情的，但从不过多地干涉参观者的活动。他们遵从的是让每一个人在动手中去主动探索，而非接受灌输。

在“科技馆老师”的帮助下做游戏

20X0

Heureka 的魅力还不仅仅在于让大家了解已知的奥秘，还向大家展示了未来世界的美好图景，引导人们面向未来思考。20X0 就是一个典型的例子。

Heureka 馆共有 200 多个科学领域的展览以及许多的活动点，除了一些主要展览外，该馆还有两个临时展馆，其中之一就是 20X0。

20X0，一个简洁而又让人充满遐想的名字，正合了展览的主

20X0 馆张贴画

题——通向未来的旅程。未来会是怎样的？未来的人类将面临哪些重要问题呢？该展览探讨了芬兰可持续发展所面临的主要挑战，即

“未来城市”蓝图

住房、食物和交通等问题。

走进 20X0，就如走进了一个未来城市。我们可以通过各种仪器、器材了解未来城市的住房、交通、消费以及医疗保健等状况，体验在未来城市中生活。同样的，在这个馆中的参观也都是互动参与式的，我们可以在屏幕上按要求做一些选择题，通过答题后得到反馈，了解我们对未来社会的认识到底有多少合理性。我们先前佩戴的腕带会记录下做出的选择，据说模拟器还能够将我们的答案与之前的参观者所

感受"未来城市"的交通工具

在"未来城市"中做游戏

做的选择进行比较，并得到一份电子参观日志，以供日后使用。

20X0 馆内有 20 多个不同的展览。最吸引游客的是太空升降仓，它是“未来城市”的最高点。这个升降仓把游客送进模拟的环绕地球的轨道，同时呈现给游客大量的关于人们将来需要怎样的生存空间以及空间利用的相关信息。

20X0 馆中还包括模拟的未来饭店、博物馆和商店，此外，参观一家“未来”自助保健中心会帮助游客了解未来医疗保健的相关事宜。

20X0 的开放时间只是短短的三个多月，但整个馆设计精巧，内涵丰富，丝毫没有给人“临时、暂时”的感觉。高科技的使用让我们始终处在一种亦真亦幻的感觉之中，对未来也多了一份好奇与思考。

更多故事

参观结束后，我们在 Heureka 馆中的爱因斯坦餐厅用餐，谈论着关于这个馆的故事，我们对它有了更深的了解。

Heureka 每年要接待 5 万名芬兰中小学生，很多的芬兰学校会经常组织学生集体来活动，家长也会经常带孩子来到这里。这也正说明了 Heureka 科技馆在教育体系内所发挥的作用——它已经成为芬兰学校教育不可或缺的课外教育资源,为学校教育提供了宝贵的延展空间。

它之所以有如此大的魅力，除了我们在现场感受到的丰富的器材、主动参与的活动方式之外，还在于它组织的丰富多彩的活动，比如 Heureka 馆各馆都设有面向各年龄段学生团体的互动活动，再如观看科学剧院表演、在实验室做实验、参观工作坊等。不同年龄段的孩子在每个活动项目中都有不同的可选活动项目。学校团体还可以预订一到两天的露营活动（提供伙食），全年除了五月份以外均可预约。每 10 名学生对应的一位带队教师免费。每个需预约的活动通过发送邮件即可获得确认。

另外，Heureka 馆与社会的多方联系与合作也是它充满活力的原因之一。比如前面我们看到的钱币铸造活动，就是 Heureka 馆与芬兰铸币厂合作举办的。为纪念建厂 150 周年，芬兰铸币厂在此举办了一个持续开放 3—5 年的钱币展。该展览除展示硬币的生产过程，让参观者参与铸造硬币之外，还引导参观者学习鉴别欧元硬币的真伪。

自 2003 年起，Heureka 海外产品有限公司开始负责巡回展览的租赁和展品的销售。Heureka 馆已经在 20 多个国家和地区进行过巡回展览，他们的海外参观者已经超过千万人次。展品都设计成易包装、易移动的，所有的展品仅需 2—6 个集装箱即可装载。所有的展品的操作使用方法至少用三种语言加以说明。巡展的展厅占地 300—600 平方米。Heureka 馆在展品的设计和生产方面的专业技术为参观者提供了高质量的学习机会。目前，Heureka 馆与荷兰几所学校还进行了合作教学，合作的目的是开发出一些开放学习环境中的教学方法。

对教育的启示

Heureka 科技馆给我们的印象是深刻的。和我们先前参观过的科技馆相比，它没有豪华的设施、惊人的面积，但它是学生们真正的第二课堂，它和孩子们的生活是那么贴近，几乎已经成了他们成长过程中不可或缺的伙伴。

在国内，随着对学生课外教育的重视与条件的改善，各地也都建起了科技馆。比如我所在的城市，科技馆选址在城市副中心，交通便利，场地宽裕。科技馆的规模和内部设施同样采用了世界先进的科学技术，能够为民众提供更多更好的科学技术普及活动。但和 Heureka 相比，我们的科技馆最大的不足在于向参观者展示的成分偏多，而让参观者主动参与的成分太少，特别是为参观者提供的动手实践的操作材料与空间实在很有限。固然，这和我们人口众多有一定的关系，但根源还在于观念的差异：对于“做中学”的认识以及人与物孰轻孰重的价值观。不仅是科技馆如此，我们的很多公共教育资源同样需要在这方面加以改进。什么时候，当人们走进科技馆——不仅仅需要眼睛和耳朵，更需要手与脚；不仅仅感觉作为观众，更感觉作为主人；不仅仅当作难得来参观一次的隆重活动，更多的是当作进社区活动中心一样的平常走走——我们的科技馆会更有生命力，我们的科技教育会更上新的台阶。

在这个过程中，作为教育工作者，我们也需要向芬兰的同行们学习。在Heureka参观时，芬兰一位老校长的一句话深深地触动了我。她说：“教师的任务之一，就是要清楚地知道学校之外有什么教育资源，这样才能利用好这些资源为教学工作服务。”是啊，科技馆再好，如果老师们、家长们不能将它带入孩子们的学习生活，这个教育资源等于不存在，孩子们将缺失多少的学习机会与快乐体验啊！教师对于教育资源的认识不应局限在校内，而要把目光拓展出去，在更广的范围内发现资源，利用好资源，为教育服务。虽然我们的老师不能和芬兰老师一样带着学生常来科技馆，但至少我们应该知道有什么资源可为我所用，并积极地为孩子们提供相关的信息，主动地引导家长利用好这些资源。

我们可以做什么

1. 大教育资源地图

在这一点上，地区教育行政部门可以发挥好组织协调作用，为学校开发优质的校外教育资源。比如我校（育红小学）所在的无锡滨湖区教育局就发掘区域内资源，为学校绘制了一张“大教育资源地图”。地图内，不仅囊括了现有的校外教育场馆，如科技馆、博物馆，更可贵的是充分考虑到了区域内高校、知名企业聚集的优势，与这些单位进行了沟通协商，把这些单位内的实验室、实践基地、特色陈列馆等都吸纳进来，为学校开展学生综合实践活动提供了多样化的选择。

有了这张地图，学校教师对于身边的教育资源了解得更为清晰，当有教育活动需要时，老师们可以在地图内进行选择并组织学生前往。比如我校附近的交通技术学院就拥有一个水平较高的“船舶技术展示馆”，其中展出了“缩小版”的造船工厂、“船舶模拟实训室”、各种船模等，为学生了解中国造船业漫长而辉煌的历史、船体的内部结构以及功能提供了丰富的教材。对于小学生来说，参观“船舶技术展示馆”是一次难得的船舶技术教育机会。当他们走进展示馆，看到新船下水的模拟过程，触摸到我国著名船舶的仿真船模，他们是如此的好奇与兴奋。孩子们说：“原来我只在电视上看到过这么大的巨轮，现在它就摆在我的面前，真是太壮观了！真过瘾！”

参观“船舶技术展示馆”

听取“大学生老师”的生动讲解

区内的大学城也是一个拥有丰富教育资源的场所。其特色专业（如食品发酵系、设计系等）拥有全国乃至世界一流的专业实验室；学校内的特色展馆（如服饰馆、雕塑馆……）也是学生开展专题学习的良好资源；学校开辟的“拓展训练基地”为学生的拓展活动提供了完备的师资、场地条件。区教育局与大学城建立了良好的合作关系，以确保区内学校能够享有进入这些活动场馆开展各项学生实践活动的权利。

每年，我们的学生会利用春秋游时间，或是节假日的社团活动机会走进大学城，在大学教授或是大学生的指导下开展各项活动。

比如，2010 年 6 月 5 日是世界环保日，育红小学环保社团的孩子们在张丽英老师和热心家长的带领下参观了江南大学生物化学实验室，江南大学的秦老师为团员们生动介绍了酵母菌，并让孩子们一一从显微镜下看到了酵母菌的真面目。秦老师通过硫酸接触纸张、花朵、树叶的实验让团员们感受到硫酸的可怕，也深深体会到酸雨的危害性极大、大气污染的后果不堪设想。当天参与实验的陆俊阳小朋友在日记里写道：“原本鲜艳的花朵放在盛满硫酸的盘子里一下子就变得焦黑焦黑的，还有一股刺鼻的味道，真可怕！秦老师说，雨水里有时就会有像硫酸这样的脏东西，天啊，那我以后再也不敢玩雨天接雨水的游戏了！”桑田小朋

社团活动走进大学实验室

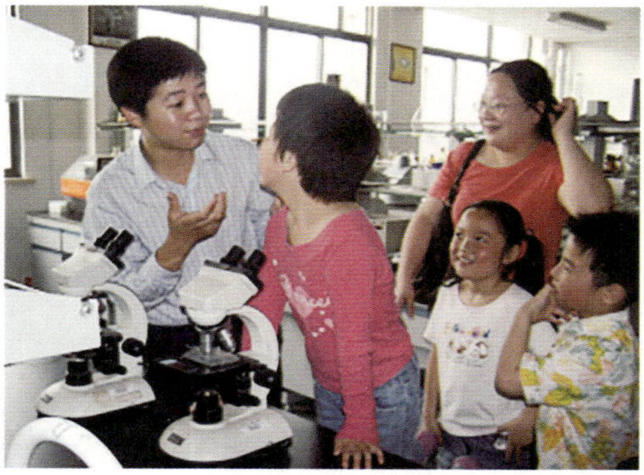

与大学老师积极互动

友的思考更加深刻：“显微镜下的酵母菌真神奇！我第一次发现世界原来这么大，我们是这么小！……我还要告诉大人们多多保护环境，少排放污染物，让空气变得更干净！”

2. 建筑体验馆

在学校中，我们也可以为学生创造书本以外的实践活动资源，系统设计相关教育活动，增加孩子们动手实践、动脑探索的机会。

在参观 Heureka 时，我自然联想到了我校万科校区的“建筑体验馆”。因为万科，我们选择了“建筑”这一主题；因为目标定位于“学生的探索实践”，我们更关注“体验”这一过程。

建筑体验馆分两大区域，分别承担“展示”和“实践”两大功能。展示区内主要陈列由学生参与制作的中外知名建筑、地方建筑，展示学生搜集的中外知名建筑设计师主要成就，展出建筑设计师与学生对未来建筑的构想……实践体验区为学生提供了丰富的操作材料：积木、拼图、小型建材、建筑工具、基本劳动工具等，让学生通过“设计、建筑”模型来体验建筑行业从设计到施工、美化、监理的各项工作，在此过程中获取对建筑的多元感知，体验独立思考、小组合作的探索过程，从而获得多方面的成长。

我校的建筑体验馆还在建设的过程中，参观 Heureka 的经历让我对体验馆的设置有了更多、更明确的想法。如果我们能在体验馆中为学生尽可能多地创设动手实践、亲身参与的机会，并且完完全全地向学生开放，让每一个孩子们能在体验馆中尽情玩要，在玩要中学习成长，那么，20X0 年，我们的学生真的可以为人类生活创造出更宜居的建筑！

（潘望洁）

建筑中的历史与文化

以色列盛产石头，建筑是石头，武器是石头，艺术品是石头，每一块石头都传递着故事，产生着奇迹。

石头凝聚了信仰

耶路撒冷是世界著名的城市，这是一座用巨石堆砌、用信仰奠基、用爱恨情仇黏合的城池。它面孔神秘，表情丰富，时而平静，时而喧闹，让人难以看透。纵然时空变幻了千年，不变的还是耶路撒冷的独特之美——所有建筑外墙都贴着乳白色的耶路撒冷石，无论是阳光普照的时刻，还是晨曦或晚霞初上，这些古老的石头就仿佛笼罩上了一层朦胧的金纱，或许这就是“金色的”耶路撒冷的由来。

“金色的”耶路撒冷

当我们乘车从巴勒斯坦人居住区通过隔离墙进入耶路撒冷时，导游海伦为我们播放了歌曲《金色的耶路撒冷》，在舒缓悠扬的乐曲中，转眼间来到这个古老而神秘的城市，时逢犹太教的安息日，夕阳下整个城市弥漫在金色中。沿着老城的石头路，穿过繁华而寂静的街道，我们散步到这里最著名的建筑遗址“哭墙”。哭墙又称西墙，亦有“叹息之壁”之称，英文是 Western Wall，希伯来文是 Hakotel。它是耶路撒冷旧城古代犹太国第二圣殿护墙的一段，也是第二圣殿护墙的仅存遗址。哭墙高约 20 米，长约 50 米，由大石块筑成，据考古学家透露，哭墙有 5 块巨型基石，这些石块有两千多年的历史，其中最大一块巨石约长 13.6 米，宽 4.6 米，高 3.5 米，

耶路撒冷的“哭墙”

重达570吨，据说是世界上第三大人造巨石。

罗马帝国时期，犹太人开始向外散居。在漫长的两千年的流浪历史中，在世界每一个角落的犹太人，总是朝着这座墙的方向祈祷，这在人类历史上是一幅独特的画面，尽管遭受了上千年的迫害，但这种再度统一的信念使犹太人保持了纯洁与团结。当这个梦想终于实现的时候，回乡的犹太人依照教规男女别席集合祈祷，中间屏风相隔，祈祷时男女有别进入广场墙前，男士必须戴上传统帽子，如果没有帽子，入口处亦有纸帽供应。许多徘徊不去的祈祷者，或手抚墙面，或背诵经文，或将写着祈祷字句的纸条塞入墙壁石缝间。历经千年的风雨和朝圣者的抚触，哭墙石头泛泛发光，如泣如诉一般。这座墙因此成为犹太人再度征服耶路撒冷及统一犹太民族梦想的象征，也是犹太人的灵魂之窗，它代表的是犹太人自强不息、顽强生存的精神。看着数千犹太人在这里虔诚地祈祷，我们这些外来的游客，无不被他们感动，试想一个随时警醒自己的民族如何能不强大？我们面对今天的困惑又该如何反思？

哭墙的上方，是同样著名的伊斯兰教的两处圣地——岩石清真寺和阿克萨清真寺。这两个目前敌对情绪严重的宗教圣地和谐地处在一幅画面中，成为夕阳下一道美丽得令人窒息的风景。岩石清真寺是耶路撒冷著名的金顶建筑，也是保存最完好、最为重要的伊斯兰早期建筑杰作。穆斯林将这座清真寺称为“萨赫拉清真寺”，阿拉伯语中，“萨赫拉”意为“石头”“岩石”，故而得名。“萨赫莱”圣石被置于大圆顶之下，据说迄今还留有先知穆罕默德的脚印和天使吉伯利在穆罕默德登宵时抓稳岩石的手印。穆斯林认为这块石头是穆罕默德和上帝谈话后升天的地方，犹太教则认为这块石头是上帝最先创造的东西，所以非常神圣。只有穆斯林可以24小时自由进入，其他人只能看看，看看也能感受到信仰的力量、石头的力量。

返回酒店的途中，太阳已经落下，繁华而寂静的街道热闹起来，华灯初上，仿佛新的一天才刚刚开始，我们对这个城市的了解、对这个民族的了解也才刚刚开始。

石头见证了发展

这次考察有幸与上海中同教育建筑设计所吴奋奋所长同行，2006年在设计我们的金沙小学时，有机会与他深入交流，他对城市建筑尤其是教育建筑有着非常独到的见解，所以，行程中我特别留意了以色列建筑，并趁机向吴教授请教了些许问题。

先谈谈我初见以色列建筑的印象。在以色列的土地上，遍布着许多古代遗址，与我国的木质古建筑不同，他们大多是石头建筑，所以熬过了漫长的千年岁月，成了珍贵的历史遗产。整个耶路撒冷建造在连绵不断的石头山上，海伦告诉我们，为了保留这座古城的原迹，法律规定这里建造的房子材料必须是石头。整个城市看上去简直是一座神秘的石头城。去过耶路撒冷，你就会感到那里的每一块石头都可能隐藏着一段故事，在这个城市里走累了，随便找个地方停下脚步，仔细端详，用心聆听，某种历史与现实交织的迷醉感就会将你整个淹没。以色列驻华大使安泰毅在接受凤凰网采访时说：耶路撒冷确实是世界上最独特的一个地方，我们在尽力保持耶路撒冷的特殊气氛，老城有很多都是用石头建成的，老城外很多新的建筑也都是用石头来建成。走在耶路撒冷的街上，周边的建筑还有路上铺的石头都是2500年以前的。走在这样的路上，仿佛能感受到这些历史的印象，好像是它们也知道这些历史，与这些古老的时光相通。

除了耶路撒冷老城，雅法古城的建筑也是可圈可点的，这种包豪斯风格的建筑被联合国教科文组织列入《世界文化遗产名录》。这样的建筑，是20世纪二三十年代一些在雅法居住的德国犹太人设计和修建的。包豪斯实际上是一个德国的建筑学校的名字，这所学校提倡满足建筑的实用要求，发挥新材料和新结构的技术性能和美学性能，造型简洁，构图灵活多样。

以色列缺少建筑材料，建筑外墙极少用瓷砖，最常用的是一种昂贵的白色石头，不过这样的建筑端庄大方。建筑师们在设计时摒弃了传统建筑许多烦琐的线条和花纹，适当地兼顾了当地特有的细节形式和尽量使用石材，让建筑物看上去比纯粹的国际风格更有味道，并且历时越久，越有魅力，正好契合了建筑上的一句名言“Less is more”（简洁即美）。简洁的设计，加上以色列出色的园艺技术，建筑成了赏心悦目的艺术品。

可以说，以色列建筑是历史与现代的结合，是自然与创新的结合。聪明的以色列人会用石头把房子造得如宫殿般美丽，让它在充分体现古朴、回归自然的美以及强烈的宗教色彩的同时，兼具明快的现代感以及完善的功能。以色列建筑师说：“人们喜欢有历史价值的东西。”

以色列的旧建筑改造

以色列旧建筑改造和城市建筑设计让历史与现代有了真正意义的链接，这个国家的历史清晰地呈现在我们的面前。吴教授指着一面旧墙告诉我：这就是旧建筑和文物改造的最高境界！选用模仿老墙的新石材将古墙包裹起来，历史与未来都写在这些独特的石头建筑上。

石头传递了智慧

以色列境内大部分土地是沙漠，石头是这里唯一丰富的资源，聪明的以色列人通过海水淡化和土地管道灌溉使这个国家变成了沙漠中的花园，盛产鲜花和水果。特别是北部城市，一年四季都是鲜花盛开，颜色浓烈，植物搭配高低错落，绿草如茵，地中海深蓝色的海水让这里更加迷人。作为犹太人的主要居住地，以色列几乎没有天然的自然资源，他们取之不尽的资源就是智慧——来源于犹太人聪明的脑袋，这种智力资源的应用，使以色列人创造了征服自然和改造自然的奇迹。

希伯来大学

教育被视为以色列国家的基本财富，也是犹太人智慧的重要表现。以色列政府在教育上的经费投入是一般国家无法比拟的。在以色列政治家和有识之士看来，教育投资并不是一种国家的负担，而是有效的国家资源储备。例如，魏茨曼研究院一直是世界上最好的生物、化学（无烟炸药）研究中心，他们付出大量的精力和物力寻找对数学、计算机、化学、生物好奇的天才学生，他们认为：不论什么种族的孩子都是好奇的！以创意为主要目标，唤起他们的好奇心，找出有特殊才能的孩子与科学家一起研究，让学生开眼界，慢慢再讲背后的原理。这项工作有1000多个科学家志愿者支援，400多位行政人员参与服务。同时，以色列教育大量使用信息技术，由专业公司制作软件与教育整合，用互动来实现学生的自主学习，他们认为：不是每个学生都能成为科学家，但是他们都会思考，让学生自己找任务、找路径，尤其是针对计算机与生物学习，可以由多所学校联网来做，激发学生兴趣，让更多人喜欢科学，成为科学家。可见，支持教育成功的体系在以色列是全民化、多元化的。

以色列的学校建筑和其他建筑一样，大多采用白色的石头，楼层都不高，外形简单没有特别明显的标识。细细看来，以色列学校建筑大致有以下这些特色。

1. 最原始的朴实

我们走访的无论是大学、中学，还是小学、幼儿园，树木苍天，沙地外露，座椅简朴，随处可跑、可跳、可攀、可蹲、可坐，许多校园雕塑是用废弃的机器和工具做成的，甚至孩子们的玩具就是那些坏掉的沙发、冰箱、洗衣机、微波炉……真实的生活场景再现，很受孩子们喜欢，海伦的女儿看到这样的游乐设施一下子忘情地奔过去，敏捷地穿梭其中。

导游海伦的女儿

吴奋奋所长谈道，校舍应成为知识展示、信息传递、感情交流的场所。现在，教学组织形式较过去已发生了很大变化，因此，校园建筑设计也必须改变。这些发展和变化的核心就是以学生为本，真正满足学生的实际需求。校舍是信息传递的空间，“零信息”校舍只能扮演装饰的角色，不能提供教学的功能。要想让学校真正成为孩子们喜欢、快乐成长的地方，就应该用“流动的教育”去潜移默化地影响学生，将显性教育与隐性教育相结合。因此，学校建筑不仅仅是教学的空间，还应让其成为知识展示、信息传递、感情交流的场所。校园应该提供一种学生与教师在学习活动中建立起来的和谐氛围。

2. 最适用的现代

走访中，没有见到特别精致和先进的技术设备，教室的布置也很简单，但功能齐全，非常实用。即使最简陋的基布兹学校教室，也考虑到了教室的各个功能区。“对从事艺术与设计的人而言，像学校这种项目，我更乐意采用简洁干净的线条进行设计，理念以质朴为主，给孩子们提供一处思想遨游的空间。”以色列设计师、艺术家 Shani Hay 说。Kfar Shmaryahu Hof Hasharon School 学校的计算机教室，看上去就是个会议室，圆形的围坐空间，桌面上没有电脑，四面墙壁设有可收放的屏幕，蓝色的背景墙，温馨而简单，却具有强大的互动学习功能。

吴奋奋所长认为，建筑在学习中的作用是为知识的展示限定空间、过滤干扰、提供背景。学习空间设计的最高境界之一就是提供最适宜学习的声光热环境。目前，班级授课形式不断变化，“为屏幕而建”的第二代教室应运而生，但这并不科学。教室应该是最适宜学生学习的声光热环境，能够满足学生个性化成长和发展的需要。体现一所学校教育教学思想变迁的一个重要场所就是教室。第一代教室是“为

基布兹学校的教室

黑板而建”，所以教室重视采光，多为长方形。当屏幕进入教室以后，黑板的传统地位受到挑战，“为屏幕而建”的第二代教室应运而生。后来，随着班级授课形式的不断变化，小组教学、个别教学成为班级授课制的补充。同时，小班化教学在一些地方普遍出现。这时，传统的教室设计和新教学形式的要求已出现冲突。以小组教学为例，学生面向不同的方向就座，因而要求教室至少要有多面展示墙，学生可以接受多维度的信息，而传统的教室没有这个功能。

3. 最个性化的创意

我们走访的一所学校，校长亚历山大自豪地告诉我们，他们的幼儿园是未来幼儿园，我们满怀期待地前往那里。色彩明快，线条简洁，尤其是每个班级不同的色彩与布局留给我们深刻的印象。校长告诉我们：每个班都是一个主题教室，由教师设计。

以色列教育者认为：儿童的成长环境是他们的灵敏性发展的沃土，童年应该被赞美。学校着重培养孩子的想象力以及对周围环境、

彩色的雕塑

新生事物的敏感度，同时也让他们在此自由发挥天性。

最具以色列特色的是每所学校都建有防空洞，这里戎事不断，当遭遇危险时，孩子们可以及时地分散到防空建筑中躲藏。

吴奋奋所长谈道，好的教育建筑设计会让学生感到舒适、方便。比如教室外公共空间的设计，在下课几分钟的时间里，学生可以聚到这些空间里，自由活动或者聊聊天，从潜在的教育中获得信息。比如理想的走廊应该是“人流加信息流”，这样不仅可以供学生穿行，还可以为他们带来各种各样的新信息。这些信息由学生自行提供，不受老师限制，随时会刷新。在这样潜在的交流过程中，学生能获得更多的信息。

石头与教育的启示

海伦告诉我们以色列盛产三种石头，犹太人将石头用到极致，甚至产生了许多关于石头的文化。以色列不是钻石的出产地，却成了全球成品钻石加工和交易中心，以价值计算，全球约一半宝石级的钻石原石在这里加工。以色列的钻石加工厂被公认是全世界最先进的，拥有尖端的钻石加工技术，这些先进技术有许多都是在本国研发的。如此先进的技术，加上巧手的工匠，使得以色列以符合成本效益的程式获得了理想发展状况，既取得了高收益，达到了极佳工艺，还提供了特别物有所值的产品。在交易过程中，以色列商人会与你一起举行郑重的交换仪式，让你感受到获得的不仅是石头，还有石头中的故事。

从石头传递的智慧中，我们不难看出教育的力量，作为教育工作者，我们都在致力于传承国家的文化，培育国家的栋梁，共同的目标追求让教育有了共通的语言。我来自成都，成都是一个宜居的城市，我们的家乡要建设现代田园城市，早在很多年前我们也提出了要建现代田园校园。我们所理解的现代田园校园，应该是美好的、科学的、适合儿童生长的地方。我们所提到的现代元素应该是宜人的、有创意的，我们所提到的田园应该是绿色的、节能的。就这样的问题我们进行了深入的思考，我们认为现代绝不仅仅体现在硬件设施的改造、高科技设备的投入上，而应该更加关注人的发展需求。我们希望来到金沙的孩子从今天就开始幸福，所以我们从环境设计上更注重舒适和科学，把复杂的问题简单化、形式的东西实用化、说教的理论生活化。我们努力建设一些让孩子热爱的地方。

以色列学校里的养殖园

1. 开放式的图书走廊

在这里随处可以读书，时时可以读书，孩子借阅图书只需将自己的校牌放在这里便可以取走图书，看完后还回图书，取走校牌。

2. 开放式下棋角

可以移动的象棋棋盘、象棋棋子，孩子们乐在其中，棋子也可作为小凳安坐，听老师上围棋课。

开放式的图书走廊

开放式下棋角

3. 梦园

在这里，孩子们可以观察动物的活动、植物的生长，甚至可以通过特别创意的透视孔，观察土壤里的根须、活动的小蚯蚓，也可以在大树下做一个关于自己的梦。

梦园

4. 金沙部落

这里四季花果，春天绿意盎然，夏天荷塘飘香，秋天果香四溢，冬天落叶翻飞。孩子们可以踩在梦想小径上无限畅想。

吴奋奋所长谈道，金沙校园环境的维度至少包括文化内涵、展示功能、技术支持以及学习的舒适度。仅以走廊的“展示功能”为例，绝大多数学校走廊只有交通功能，没有或基本上没有展示功能。一些校长会在走廊上布置一些东西：科学家画像、名人名言、校风

金沙部落

口号等，用心一点的校长还会把一些学生的优秀书画作品陈列在走廊上，如此而已。只要我们严谨地用信息源、展示面、信息介质、信息量级、刷新周期等指标去衡量，这些没有经过专业设计的走廊，终究是“没有展示功能的零信息走廊”。金沙就不同，如果你愿意，可以这样观察金沙的走廊。

在以色列考察的最后一天，我们去了一所基布兹（以色列集体公社）的学校，这才是真正的现代田园学校。在这里，学校与基布兹的农舍完全融为一体，从幼儿园到高中，仿佛进入了一个天堂般的农场，大片的农田，牛、羊、马养殖场，甚至还有马戏团，孩子们在这里种植、游戏、上课、表演，校长生在这里，长在这里，家在这里。每一个小院里都藏着一个自由的学习空间，大型的拖拉机是穿梭于校园的摆渡车。学习与游戏，工作与生活，事业与家庭完全融合，这种彻底的浸润式管理是我从未见到过的，也让我非常震惊和难忘！

在这个最初只有石头、长满荆棘的地方，犹太民族向严酷的生存环境说“不”，并且不承认那些在别人看来似乎是难以克服的障碍和不可超越的困难，用乐观、决心和人定胜天的信念，创造了基布兹这样在沙漠中盛开鲜花的人间奇迹。智慧的犹太人在石头上用石头建立了以色列国，使这片原本荒凉、干旱、贫瘠的土地变成了富饶的现代化工业国家。

（钟　樱）

空无教室

在芬兰的另外一所小学，一位校长带我们看一间以他的话说是“最令人骄傲”的教室。教室不大，30 平方米左右，三侧是落地玻璃，宽敞明亮，室外的景色一览无余——这应该是全校地理位置最好的一间教室了。中间是一张不规则形状的桌子，桌子用彩布包着，上面是树枝、芦苇和圆形木块等材料组成的一个森林造型。几个塑料盆里盛着水，连成了一条小溪。

“这些都是孩子们的作品吧？”

“Of course！”那位校长抑制不住兴奋。他向我们介绍说，这都是孩子们的创意。这是一间专门空出来的教室，学校不进行任何布置。学生可以在这里自由发挥，展示什么、创造什么，全凭学生喜欢。眼前看到的，或许是孩子们正在建造他们的森林王国。所有的材料，

芬兰学校的教室

全来自于学校旁边的树林里。不过，过一阶段，这个森林王国将被摧毁。因为，每一个季节，孩子们都会构造一个不同风格的森林城堡。

听了那位校长的介绍，再仔细端详孩子们的作品，那些普通的泥土、小石块、树枝、芦苇仿佛有了生命。

在教室的一边，还有一张桌子。在这上面，孩子们为一些鸡蛋和一只小兔子分别筑建了一个温暖的巢。这，或许就是他们创造的一个小小的动物王国吧。

▲ 教室里孩子们搭建的巢

这间教室，对于孩子们来说，无非是好玩而已；不过，在这位校长眼里，这间教室显然能给孩子们一种特别的学习，一种毫无“学习感”的综合性学习。

这是间什么名称的教室呢？称为“空无教室”是否可以？没听到那位校长专门介绍——或许他们不如我们中国校长那样擅长整新名称。

再豪华的教室，也比不上装满孩子们天性与梦想的教室。这“空无教室”背后，应该有许多值得我们咂摸的东西，比如，我们常挂在嘴边的“捍卫童年”“创新教育”等。

（邱华国）

门卫室就是校长室

以色列，一个陌生而神奇的国度。它人口少，国土面积狭小，却经常成为世界的焦点；它在地图上不过弹丸之地，却培育出了数位诺贝尔奖得主；它土地贫瘠，却有着令人惊叹的农业生产力；它生长于充满敌视的国际环境中，却在层层外交与经济的封锁中，硬是闯出了属于自己的高精尖生存空间。

众所周知，以色列极其推崇创新精神，然而，“创新”一词实在抽象，令人难以捉摸。以色列人是如何培养创新精神的？创新又是如何作用于他们的生活？带着这些问题，我对此次以色列考察之行满怀兴奋和期待。

在以色列访问期间，在我们参观访问的第二所学校，刚看到校门，所有人就着实吃了一惊。这是校门吗？两扇铁栅栏，简单刷了层绿漆，横向不过勉强能让三个成年人并肩走入，上面竖了一块牌子，写着几行字，大概就是校名。校长见我们来了，热情地走出来，亲自开门迎接，让我们感觉不像走入了一所校园，而更像是一所宅院。更令我们意想不到的是，他将我们引到了紧临校门的一处屋子，介绍说他就在这里办公。换句话说，门卫室就是校长办公室。

这彻底颠覆了我们的认识。在中国，我自认为参观访问各地的学校不算少，虽然各有各的特色，但校长室无一例外地设置在行政区域中心，楼层较高，环境安静。紧邻校门区域的位置，一定是门卫室。怎么这所以色列学校会把校长室放在这里？我们带着惊诧和好奇，随

学校的正门

校长参观了他的办公室。跨进走廊，迎面就是一个小型“荣誉墙”，嵌入外墙的整个大架子上，整整齐齐地放满了各类奖杯。大大小小的奖杯向来宾传递着这样一个信息：这所学校虽然规模不大，但办学成绩斐然，所获荣誉颇丰。校长室门旁另一面小墙上，挂着一幅孩子的人体简图，我们看不懂图上的文字，猜测大概是用来教学生识别人体部位的。综观校长室全貌，非常朴素简单，但这样的布局去除了校长室高高在上的冷峻，平添了几分亲切。推开门，我们终于看到了这所学校的“核心机构”：面积不大，以蓝黑为主色调，深色调的搭配给人一种沉稳和安静的感觉，鹅黄的办公桌给这一方空间调入了一丝暖意，电视、橱柜、书架、办公设施一应俱全，且摆放都恰到好处，把不大的空间利用得相当充分。校长介绍说，这所学校规模不大，把校长室放在这个位置，一方面是因为校长室全天候开放，可以兼任门卫室的功能，另一个重要考虑就是这里紧靠师生进出的大门，只要他们愿意，校长室随时欢迎师生来这里交流，提出建议。听罢介绍，我恍然大悟的同时，对这位校长的务实精神生出了由衷的敬佩。这位戴着眼镜、面容和善、胖墩墩的校长，虽然其貌不扬，履历却堪称深厚。在走廊里，我们看见一张皱巴巴的纸上写着他的中文介绍，得知这位校长不仅是教育管理学博士，还曾担任过陆军上校、外国关系部指挥官、联合国高级代理和大学讲师，这些丰厚的阅历，让我们对他产生了浓厚的兴趣，一路兴致勃勃地随着他参观起这所外面看起来和校长一样其貌不扬却底蕴深厚的学校。

从校长室出来，我们被引入了一间像极了会议接待室的房间，围桌而坐，聆听校长的介绍。这时候我们才知道，这间并不是我们原先概念中专门用来开会和接待来宾的专用室，而是学生的电脑房。这个发现令大家又吃了一惊，不禁环顾四周：这里四面墙壁刷成了深蓝色，光线柔和，坐在其中，眼睛会觉得非常舒适；四面墙壁上有投影，无论坐在哪一面，都能听清楚中间老师的讲解，看见老师的演示；乳白色的条形桌围成椭圆形，便于让学生舒适地围坐，围桌型设计既能给每个学生相对独立的学习空间，在需要讨论交流的时候，也可以做到全方位展示。我非常喜欢这样的设计，不由得拿它与国内学校的电脑房比较起来。我们学校的电脑房硬件设施不比这里逊色，但在设计方面明显能看出不同。国内的电脑房里座位整齐排列，更方便教师的传授和检查，却不便于学生的提问和探讨，这其中多少能反映出两国教育理念上的差异。犹太教育的传统是以开放的胸襟和包容的方式，把知识输送到数以百万计的犹太人中，所以他们的教育方式主要是倡导和引导孩子们主动提问，这在电脑房的设计上也可见一斑。

随着访问的深入，我们发现，在以色列的学校中，一室多用的情况绝非只是一校，而是相当普遍，比如我们访问的第三所学校。这所学校是以色列非常好的学校，考试成绩在以色列名列前茅。学校占地 1500 多亩，从幼儿园一直到高中，有 2000 多名师生。不仅如此，它还自带农场、奶牛养殖场、菜园等，我们进入校园就仿佛进入了一片广袤的农场，随处可见悠闲踱步的山羊和飞禽。然而令我们颇感意外的是，招待我们的“接待室”，竟然就是校长办公室！更令我们吃惊的是，校长室其实并不大，除了放置校长的办公桌椅之外，只够放一张圆桌，我们一行十多人坐下去，简直拥挤不堪，导游连坐的地方都没有，只能站着。然而，在这位对自己办公室如此“苛刻小气”的校长带领出的校园中，我们却看到了欢乐自由的孩子，极其宽广的活动区域供孩子自由探索、实践，一个孩子对我们说：“在这里生活，我觉得幸福极了，其他学校简直是监狱。”

相比之下，另一所学校把招待室设在图书室，我们已经见怪不怪了。图书室空间比较大，这所学校就干脆把学生迎宾节目的舞台也搬了过来，于是，我们在图书室里欣赏了以色列孩子的才艺表演。

以色列学校布局设计上的创新，不拘一格，似乎带有很大的随

图书室中的才艺表演

意性，但非常讲究务实。就地域和人口比例而言，它并不是一个寸土寸金的国家，在外面，我们随处可以看见大片空旷的沙砾地，只要他们愿意，建造高楼大厦，保证每所学校有个宽大的校长专用办公室和现代化专用接待室并不是难题。然而他们却更愿意竭尽全力“挤压”校长室空间，更愿意在专用区域的多功能开发方面不遗余力地做足文章，表面看似不够大气，但若从出发点探究就能发现，在保证能满足最基本的学习、工作、生活之需后，所有的考虑都指向创造更好的校园生活——这种创新，相当可贵。比如，校长室和门卫室的功能融合，便于校长与师生之间的交流互动，更便于校长提供贴心的服务；校长室和接待室的功能融合，可以节省出更多的空间用以开辟一个实验室、一块学生实践的菜园甚至是一片赏心悦目的花园……

从另一个层面来看，对已有硬件的使用，更体现了以色列在创新上讲究的务实精神。硬件是已经拥有的，创新却能无限延展。而这些创新可谓不拘一格，但都是为实实在在的目标而服务的。例如，令我们误以为是会议室的学生电脑房，全蓝色的整体色调能保护视力，围桌型的布局便于讨论，这些创新举措，都是将已有的硬件设施设备创造性地进行使用，令学生的学习过程更加有效。参观结束后，把中国和以色列学校的硬件进行对比，所有考察人员的感受都是一致的，就硬件而言，我们国内的许多学校不亚于甚至优于以色列的学校，但是，如何创新性地用好它们，还有很多值得思考的空间。以色列给我们的启示是：务实，是创新的催化剂。

我们看到的一切也向我们例证：教育，因为务实的创新而更美好。

（华志英）

简洁而丰富的环境

在接下来的行程中，我们参观了另外一所幼儿园，据说这所幼儿园是以色列非常好的幼儿园，校长在给我们介绍的时候说，他们建设了一个下世纪水平的幼儿园。幼儿园的室内格局与国内的幼儿园布局基本相近，最大的区别是每一个班级有一个属于自己班级的室外活动场地，班级与班级之间是分割开的。场地主要由沙池组成，玩具散落在沙池的周边。

在公共区域仔细观察这所具有下一个世纪水平的幼儿园，或多或少会让我们感到一些失望，也就这个水平啊？我们国内很多幼儿园的环境和硬件设施都超过它了，但是我们走进班级仔细观察就会发现不一样的地方。

参观以色列的幼儿园

我们首先从环境创设的角度来说，班级内的环境布置很简洁，没有我们平时设立的生日会、班级工作、教学计划、教师介绍等，一切都是围绕着教学主题设置。我们去的时候是秋季，遇到了教师给孩子们讲秋天的故事，讲叶子的变化以及如何感知秋天。班级内的环境创设就是围绕着树叶进行的。

室外活动场地与我们在基布兹参观的园所一样，巨大的沙池周边放置了各种玩具。沙池就是孩子们的乐园，在这里可以玩玩具，可以用水和沙塑造各种造型，如城堡等。

室内的布局以简洁为主，但是仔细观察后我们会发现，班级孩子玩具柜里堆满了各种各样的玩具和图书，有的图书是带“书皮”的，且是塑料的。从这些细节中我们可以看出这所幼儿园对孩子们习惯和文化的培养。这点与我们国内的幼儿园相比有很大的不同。我们的室内环境布置分为三部分，一是装饰性部分，另外就是为教学服务的部分，还有一部分就是为管理服务的部分。我们国内的园所装饰偏重硬件设施更新和装修方面，如果我们把这些领域花的钱拿出一部分来用在充实班级内的教学用品上，那么就会起到另外的一种效果。也许这就是我们与以色列在教育理念以及消费观念上的差异所在。

（宫照伟）

教堂里的信、望、爱

行走在北欧国家，随处可见大小不一、规模不等的教堂，我们经常会看到父母带着孩子去教堂礼拜祷告，信仰里的内在因子似乎扎根在孩子成长的每一阶段，而这些却无关乎宗教派别、信仰分歧，这是根植在文化中的信、望、爱。教堂便是信仰的具象呈现，它让宗教成为最美丽、最艺术的瑰宝，潜藏在绘画、音乐、雕刻、建筑、文学、教育等领域。

芬兰赫尔辛基路德派大教堂

乌斯别斯基教堂

信——给予孩子的信心与信念

北欧人对上帝的信仰并不是一种虚无的寄托，他们对现实生活有最切实的体验和最透彻的洞察，在任何挫折面前，他们都抱有坚定的信心和信念，他们相信一切苦难都是神给予世人的试炼，他们依赖上帝赐予的力量，恰如孩子依赖父母给予的能量。因此，北欧人在孩子的教育上，倡导"儿童参与""儿童决定"，将孩子当成独立的个体来对待，平等沟通，给予孩子最大的信心、信任、信念，让孩子们在变幻莫测的成长道路上摸索正确的方向。

望——简单的祈盼与希望

北欧人是天生的乐观派，北欧也是幸福指数最高的地区。生活于他们而言，是路边悠闲而坐的聊天，是随性而行的旅程，是围坐在火炉边侃侃而谈的漫漫长夜。他们向上帝祈求喜乐、平安与永生，也享受当下，遵从简约、乐观的生活态度，对未来有永恒的祈盼与渴望。他们为孩子提供简单、快乐、自由、开放的成长空间，尊重孩子的个体差异，不强求成功，温柔地赋予孩子简单、乐观、积极、幸福的生活概念。

爱——施受同一的博爱

在北欧人的宗教信仰里，爱的本质就是博爱，是平等的爱、施受同一的爱。一切爱的形式都以博爱为基础，博爱也是对所有人的一种责任感。这种博爱的胸怀让孩子们从小学会主动关心他人，尊重他人意愿，用爱他人如爱己的方式对待亲人、朋友甚至是仇敌。

本尼迪克特曾说："每一种文化中都会形成一种并不必然是其他社会形态都有的独特的意图。在顺从这些意图时，每一个部族都越来越加深了其经验。与这些驱动力的紧迫性相应，行为中各种不同方面也取一种越来越和谐一致的外形。"[①] 文化是人和自然相互作用的重要纽带，北欧文化的血脉中流淌着宗教的"信、望、爱"，这种信仰文化又反过来影响着教育实践。盛产童话故事的北欧国家，拥有得天独厚的自然环境优势，他们的幼儿教育理念根植其中，童话故事的背后，是对人性真、善、美的追寻与尊重。

中国自古倡导"仁爱、博爱"。在教育实践方面，我们提倡幸福的教育理念，给孩子内心种下一颗柔软的幸福种子，告诉孩子不管身处何种困厄之境，生活也不会决堤，就像温暖美好的童话故事，王子和公主终于幸福地生活在了一起。这是我们的幸福愿景，也是我们奉献毕生精力为孩子打造的幸福家园。

就像童话大师安徒生所言："无论对上帝还是对所有人，我都充满爱意。"

（刘　凌）

① 本尼迪克特. 文化模式[M]. 王炜，译. 北京：生活·读书·新知三联书店，1992：48.

以色列的博物馆

以色列有各种博物馆、艺术中心、社区活动中心等供儿童活动的场所，这些场所也给家长进行家庭教育提供了保障。

提到博物馆，这里我就不能不多说几句，在我们考察的第三天就参观了以色列的博物馆。以色列的博物馆不仅能让孩子一饱眼福，还能促使他们动手、动脑。导游给我们介绍说，以色列的博物馆中有专职工作人员和义工。这些工作人员会指导孩子们欣赏博物馆中那些艺术大师们的作品，会向孩子们介绍画家的姓名、作品的年代、画种等基本知识，会向孩子们演示各种不同绘画工具的用法及其不同效果。在这种条件下，以色列的儿童得到了大量欣赏名画的机会。

以色列的博物馆

耶路撒冷老城遗址模型

在得到初步的指导后，儿童能够根据自己的兴趣选择并深入欣赏自己喜欢的某些作品。儿童超越了前一阶段工作人员的指导，开始自由想象。他可以欣赏任意一幅画面，可以任意驰骋思维，可以充分发挥想象。他可以在欣赏之后临摹大师的作品，也可以在欣赏了几幅作品后选择不同的绘画工具进行创作，还可以不作画而仅仅是欣赏，观看同伴作画。

博物馆并没有为孩子们提供桌椅。没有了桌椅的限制，淡化了成人指手画脚的痕迹。孩子们或站着、或坐着、或蹲着、或趴着，在这些艺术作品所渲染的艺术氛围中自由地呼吸着色彩与构图的美，感受着线与形的神奇魅力，体验着控制画笔与颜色的成就，伸展着创造与想象的双翼。博物馆中以线条、形状、光线和色彩为基础的艺术作品不仅仅局限于绘画艺术，还包括雕塑、建筑等各种形式的艺术，如光与影的视觉艺术。通过不同的镜面组合，产生的效果是变幻莫测的，儿童可能会看到无数个自己列队前进，也可能是两三根长棍在镜中"变成"了多面体。与展示配套，博物馆提供了可以供孩子们自己探索操作的小镜子与其他各种材料，让有兴趣的孩子自己摸索如何用镜面变幻出不同的视觉效果。

博物馆的很多成人并不是博物馆里的正式工作人员，也不是孩子们的老师，而是利用业余时间到博物馆做义工的来自其他学校的教师。像这样的人很多，尤其是在博物馆和一些社区服务中心里，正式工作人员很少，多是这种具备一定专业能力的志愿服务人员。

以色列的博物馆

除了博物馆，以色列还有各种专业性较强的服务中心，为社区内甚至社区外各所幼儿园的孩子提供更专业的指导。这种社区中心主要有艺术教育中心、音乐教育中心和社区活动中心。前两种是比较专业的教育辅导机构，有具备专业知识技能和基本教育技能的指导人员，老师或家长可以带领孩子前去学习，培养孩子对艺术的欣赏能力与借助艺术手段表达情感的能力。艺术教育中心和音乐教育中心也有专业人员到各所幼儿园进行巡回教育，这样，幼儿园的教师就不需要具备很强的艺术专长了。社区活动中心则配有图书室、健身房等活动设施，孩子们在幼儿园之外可以有多样化的活动形式与必需的活动场地和材料。

为了让更多的家长了解学习幼儿教育的相关知识，以色列的很多社区会有资讯中心。资讯中心既是资料室，也是教研室，还是教材教具商店。基本上每个社区都有这样的供家长收集资料与新的教育信息的场所。资讯中心有一个房间是专门存放资料的，在几排陈列架上整齐地放置着许多文件夹，每个夹子按内容分类存放着对家长可能有用的资料，供前来查阅资料的家长复印。这些资料由中心的工作人员（通常也是幼儿教育工作者或指导者）负责收集，也有的是由幼儿园教师在教育中使用后觉得较有价值而提供给中心的。而从这里得到信息的家长也会主动地将使用后的效果或是改进意见反馈给中心，以使中心能以更新、更佳的状态为更多的家长提供有价值的信息。

社区学前教育服务是保证家庭贫困儿童接受良好的早期教育的有效途径。以色列的社区重视儿童的早期发展，重视父母对儿童的教育，其社区对学前教育的服务体现了一种资源共享、人才共享的新观念。

（宫照伟）

差距何在？

中国的教育，与芬兰等北欧国家相比，自然会有因政治、经济、文化背景不同而形成的自身特点，如中国学生必须学汉语而不是芬兰语。当然，二者也有差距，如我们大多数中小学校实行的还是 40 人以上的大班额教学，而北欧国家早就实行 20 人左右的小班教学。这是经济水平的差距直接投射到教育基础条件上的结果。但是，以以上几件小事窥斑见豹，有些差距本质上是对教育理解水平的差距：

当我们关注动辄几亿元的校舍是否“高、大、上”时，他们在关注学校里的桌椅是否环保、实用；

当我们也关注起学生桌椅的材质、形状、色彩时，他们却开始关注起桌椅的高度；

当我们的许多学校在炫耀学生人手一个 iPad、在展示青春靓丽的韩版校服时，他们却在为孩子们标配雨披和反光安全背心；

当我们的老师在对学生说“你们只管把成绩搞上去，其他的学校、家长都会为你们考虑好”时，他们却在带着孩子走向滂沱大雨，走向冰天雪地；

当我们在轰轰烈烈全国上下学习“×× 教学模式”，不惜重金装备高技术的“未来教室”时，他们却玩起了“空无教室”；

……

其实，调整一下桌椅的高度，发一件雨披，定制一件反光背心，带孩子淋雨玩雪，将教室“空”出来，本身不是很难做到的事情。

这些与经济、政治、文化相关不大——即使相关，也比较间接——真正直接相关的，是整个民族特别是教育工作者对教育的责任、对教育的理解以及他们所具备的教育智慧。

（邱华国）

第2章

器具中的智慧

看见那些简陋的玩具，从最初的不可思议，到后来亲眼看见孩子们在这些玩具上玩出花样、玩出精彩时，我开始反思：以色列学校教育的“实用主义”，一切是为了孩子的健康、成长。在中国，“一切为了孩子”的思想早已深入人心，然而一直以来，我们习惯了以成人的角度去考虑“一切为了孩子”，而忽视了孩子自己到底想要什么。以色列人把儿童的世界完完整整地归还给儿童，让孩子完完整整地去接触真实的生活。

▲▼ 赫尔辛基幼儿园的高脚桌椅

高脚的椅子

在赫尔辛基的一所幼儿园考察时，我们几位校长有个不约而同的惊奇发现，孩子们的椅子特别高——像吧台凳一般，孩子们坐在凳子上，那脚离地还有二三十厘米呢！相应的，桌子也与椅子一样，比通常的要高出一截。这可与国内所有幼儿园标配的又低又矮的桌椅截然不同！

我们不禁嘀咕起来：为什么他们要做得这么高呢？而且，我们猜想孩子们上课一定不是“坐”到凳子上，而是“爬”到凳子上的。这样似乎既不方便，也不安全。

我们正为此纳闷之际，走来了一位微胖的金发女教师。我们随即就这个问题请教她。她微笑着，几乎是脱口而出地回答说：专家研究表明,坐高脚桌椅,更利于孩子们的成长。当我们正要再追问“为什么”时，可惜没待开口，她很抱歉地跟我们说：“对不起，校长正叫我有要紧的事”，然后就离开了。

这似乎是故意给我们留下一个悬念——这桌椅究竟为什么要这么高呢？

行程很紧，我们匆匆离开了那所幼儿园，没有机会深入了解。一上车，我们就围绕这个问题讨论开来。不过，还真找出了好几条似乎很有道理的理由，如：

▲▼ 基布兹的幼儿园

——可以增强孩子长高长大的独特感受，给孩子以更好的成长体验；

——可以让教师更方便地弯下腰去与孩子平等交流；

——可以避免孩子上课时随意走动，能更好地培养孩子的专注力；

——可以让孩子在“爬上爬下”的过程中，提高平衡能力，增强体能。

对于最后一点，有位校长提出了“存在安全隐患”的看法。不过，随即被另外几人说服了，理由有二：一是像北欧这样的发达国家，学生桌椅本身的牢固性、稳定性是不需怀疑的；二是提高孩子们的运动能力，是最重要的安全措施——言下之意，做高了的桌椅，反而更安全。大家一想，说得还真有些道理。

正在大家为“无师自通”地得出许多讨论成果而高兴时，我眼前闪现的是那位女教师不假思索地说出“专家研究表明”时的那种自然的神态——注意，她说的不是“我们觉得”，也不是“我认为”“我感到”“我想”。我突然感受到了一种从未有过的、特别单纯而有力量的学术信任。

我无缘看到相关的“研究报告”，但是，我相信他们真是经过了实证研究的。我甚至勾勒出了这样一幅情景：

一位儿童研究专家，或许是在喝咖啡时候的灵感触发，或许是在一次观察孩子游戏过程中的偶然发现，让他产生了一个有趣的想法：把孩子上课的桌椅做高半米，或许能给孩子带来一些有意义的教育价值，比如可以增加身体锻炼机会等。于是，他以此为题，进行了长时间的实验，并得到了许多实证性成果，再经过相关部门的鉴定，认定这个实验成果具有推广价值。一些幼儿园园长得到了这项研究成果后，就向教育主管部门（或学校理事会、家委会）打报

▲ 沙池里摆放着各种各样的玩具

▼ 正在就餐的孩子们

告申请将原来的桌椅换成“高脚桌椅”，理由是经实验证明，这样的桌椅更有利于孩子的成长。于是，这份报告很快被批准，孩子们的桌椅在新学期到来之前，很自然地长高了一大截……

当然，做此研究的也有可能是幼儿园的园长或老师。

我继续想，我们身边的教育工作者是否会产生这样的看似几乎有些荒诞的想法？就是产生了这样的想法，是否愿意就此小事一本正经地进行实证性研究？就是研究了，这样的成果是否会被重视？就是成果被重视了、认可了，是否有通畅的渠道让这个研究成果马上走向市场，走进学校？

尽管以上也只是想象以及基于想象基础上的追问，但是，那里的课桌椅要比一般的高出半米左右，这是亲眼所见的事实。这桌椅背后，应该有许多值得我们咂摸的东西，比如我们常挂在嘴边的“以学生为中心”“教育研究要接地气”等。

（邱华国）

玩具与生活设施中的智慧

玩具中的智慧

基布兹是以色列非常具有特色、很有代表性的社区。“基布兹”的字面含义是“聚集”，它是犹太人的集体农庄，是一个所有成员没有私人财产、凡物公用的农耕小区。在基布兹的一所幼儿园参观访问期间，走进他们的“儿童乐园”，我们吃惊地发现，这里俨然一个废品回收站。在一块沙地上，简单竖起一片遮阴蓬，里面横七竖八散满了废油桶、废轮胎、旧微波炉、旧的小型洗衣机、木板架子，甚至是一些不锈钢的瓢盆。但细细看，这里又不是废品回收站，因为这些东西经过简单的美化处理，刷过油漆，或在上面涂上了花纹。据介绍，这里就是孩子们的乐园，这些就是孩子们的玩具。我看着到处灰蒙蒙、乱七八糟的“游乐园”，脑海里浮现出“脏、乱、差”三个字。在国内，我们处处强调“卫生、安全、整齐”，这里的一切令我匪夷所思，以色列人怎么会让自己的孩子在这种环境中学习和生活呢？怎么会让孩子们玩这些脏兮兮的“玩具”？不远处，简单的四根麻绳交叉相织，就组成了一套“绳索”玩具，一个小姑娘玩得正欢，她时而踩、时而跳、时而钻、时而翻腾，玩得令人眼花缭乱。在楼梯的拐角，我们发现地上用白笔画了一个车轮样的圆，里面写着几个阿拉伯数字——这也是玩具之一！据说孩子们能在这里玩出很多花样……

▲ 游戏中的孩子

在其他学校，我们还看见这样一套独特的“玩具”：在教学楼前的花坛里，有一把用石头和水泥堆砌起来的“椅子”，简单随意地涂上了彩色油漆，造型非常奇特，但看着却赏心悦目，这把椅子不仅能坐，也能玩，孩子们一下课，会钻来钻去变着法子玩，累了就坐下。听着孩子们银铃一样的笑声，看他们欢快活跃的身影，我真没想到，就这样一个简单的水泥设施，竟然能给孩子们带来这么多的快乐。

不单是基布兹的这所幼儿园，我们在其他学校参观考察时，也发现了同样的现象。比如一堆五颜六色的塑料盖子，两个孩子可以玩得津津有味；几条绳索，一堆废旧的日用品，孩子们可以用自己的法子玩出乐趣……

我们参观了第三所学校的大课间，游戏形式和国内的传统大课间有着天壤之别。孩子们以小组开展大课间活动，三五个孩子围成一个小圈，一个男孩儿双手捧着一只灰兔，小兔子乖乖伏在孩子手上，其他孩子则兴致勃勃在沙地上刨、挖，不久便在沙地上塑成了一个初具雏形的沙坑，我们猜想大概是给小兔子筑的窝；另一组，一些小姑娘和一只小灰鼠玩得很欢，几个孩子在沙地上挖出一条长长的“隧道”，小灰鼠就在孩子们的嘻嘻哈哈声中顺着“隧道”窜来窜去。

几个略大的男孩儿，玩的游戏和刚才的孩子们不一样。他们在做仰卧起坐，活动本身不稀罕，令我们震惊不已的是他们的行动——没有任何保护，连块垫子都没有，直接就躺倒在沙砾地上，抱着头快速地做起来。他们身上透出小男子汉特有的坚毅和力量，在这样一个灰扑扑的场景中，显得格外耀眼，这令我受到了极深的触动——在国内，哪能看见这样的场景？

以色列人的玩具，让我想起了小时候的生活。玻璃弹珠、沙包、沙坑、集糖果纸，似乎那段时光的儿童所拥有的玩具和如今的以色列更为相似。而如今，我们眼中的孩子更习惯摆弄手机、平板电脑、漂亮的洋娃娃和高级遥控玩具，这当然是受时代进步的影响。不可否认，如今的以色列在电子领域的开发和应用方面，处在世界前列，我们却并没有看见以色列的孩子沉溺于形形色色的“声、光、电”之中。在以色列的学校，几乎看不见“小眼镜”。而我所看到的陪伴孩子们的玩具，虽然并不精致，甚至可以说是很粗糙简陋，但是它们多来源于最真实的生活。我更愿意将它们形容为“返璞归真”。

教育即生活，生活即教育。如今我们的学校想方设法开展各种活动，努力想让孩子明白很多道理、学习很多知识，与此同时，却使孩子远离了更“接地气”的教育——生活。从家庭到学校，我们的孩子一个个都像温室里的花朵，含羞娇嫩，捧在手心怕摔了，含在嘴里怕化了；在学校，学生安全一直居于首位，学校对此是战战兢兢、如履薄冰，唯恐出了事故无法交代。在这样的大环境下，国内学校的一些做法当然有一定道理，我们不能妄加否定，但是，人为地“过度保护”，却令孩子更加容易受伤——他们缺少了必要的磨砺和锻炼，稍有“大风霜冻”，就不堪一击；同时，他们被束缚了与最真实生活接触的自由，势必会被剥夺探索带来的愉悦。

看见那些简陋的玩具，从最初的不可思议，到后来亲眼看见孩

➤ 以色列幼儿园里的玩具

子们在这些玩具上玩出花样、玩出精彩时，我开始反思：以色列学校教育的“实用主义”，一切是为了孩子的健康、成长。在中国，“一切为了孩子”的思想早已深入人心，然而一直以来，我们习惯了以成人的角度去考虑“一切为了孩子”，而忽视了孩子自己到底想要什么。以色列人把儿童的世界完完整整地归还给儿童，让孩子完完整整地去接触真实的生活。

玩具是孩子最重要的学习资源之一，旧轮胎、旧家具家电、绳索、锅碗瓢盆这些作为玩具摆放在孩子面前，给了孩子接触原生态生活的机会；接触小动物，能培养孩子的爱心，使其感知生命和自然；孩子能随地躺下做运动，鼓励他们去体验运动的本质——强健身体、磨砺意志；简单的玩具通过自己的组合和创意玩出不一样的玩法，渗透了创新的元素，张扬着创新的精神……从这个意义上来说，这些返璞归真的玩具本身就是一种创新。不加任何成人意志的改造，以原生态的玩具为媒介，让孩子去接触体验生活，去探索发现生活。在这一过程中，也许会受伤，但他们将会学习如何更好地保护自己；也许会失败，但他们将能学习到如何收获下次成功；也许会品尝到生活带来的苦涩，但他们会明白生活原本就该有这样甜苦交织的滋味。玩具的返璞归真，恰恰是以色列人创新精神的最细微的体现，它告诉我们：每个人必须先要接触生活、认识生活，才能品味生活，享受到生活的美好。

创新不是虚无缥缈的，唯有能触摸到本真生活的创新，才是最有生命力的，才能创造出美好生活。

无微不至的生活设施

在以色列，有几个镜头给我留下了特别深刻的印象。

在著名的哭墙下，我看到了造型非常独特的水龙头。在一根主水管上，分出六个水龙头，每个水龙头朝向一面，水龙头下面拴着杯子，如果有人口渴了，直接就能在这里取水喝。这样的设计，既避免人多排队拥挤，也能集中水源，不至过于分散而找不到水解渴。

在一片广场，遍布着大大小小的蘑菇状椅子，有的妈妈带着孩子在上面嬉戏，有几个人盘膝围坐在上面，热烈讨论着问题。晚上的时候，这些“蘑菇椅”会变成“蘑菇灯”，投射出五彩斑斓的色彩，顿时让这个广场熠熠生辉，无论白天还是夜晚，总是有很多人喜爱在这片广场逗留游戏。

在停车场，泊车的车位凹陷在人行道内部，正好够停泊一辆车，我们形象地称之为“港湾式”停车位。这样的设计，可以使最少的土地发挥最大的功用。

在学校教室的门口，竖着三个架子，上面都是排钩，每个排钩可以挂一个书包，挂满后，架子上面还有摆放的空间，上面也整整齐齐放满了书包。课间的时候，我们还看见了每个孩子有一个独立的储物柜，储物柜上设置有电子密码锁，可以给每个孩子一个相对安全、独立的隐私储物空间。

思考与启发

以色列人认为，细节是决定成败的关键。同样，生活中的细节，会影响生活质量的良莠。因此,他们对细节的注重可以说是无微不至，他们对细节的创新和改良，绝对是不遗余力的。

人们总是习惯性地将创新与“大动作”和“轰动效应”联系在一起，以色列人则用点点滴滴的真实例子告诉我们，创新应该在细微处。有时候，睫毛的长度，能关系到整个面部的漂亮与否。以色列不乏世界级的大手笔、大决策创新，但他们更多是从小创造来令生活变得更加美好。以色列的细节创新，正是以色列式创新的特色。

细节是创新之源，要想获得创新，就必须有于细微处见精神的细心和耐心。广场水龙头，蘑菇座椅，不过是细小的设施，以色列人却愿意通过细节的创新使得它们更加实用、美观，这小小的创新成了以色列细节创新的经典。

细节的创新，可能对生活实现宽泛的影响，进而持续不断地改善生活。比如“港湾式”的停车模式，令以色列的街道井然有序，即便是很窄的街道，也很少会堵车。停车这件事情看起来非常微小，但这个小小的创新产生的变化，却解决了交通这样一个大的问题。

当看到那些朴素但实用的书包架子时，我一下子就豁然开朗了：一直以来总觉得教室里孩子的书包横七竖八放在身边占住教室的过道是个问题，却从来没有真正关注并下力气去解决，今天一见，原来解决的方法是这样简单，我怎么就没想到呢？——“我怎么就没想到呢？”这是创新给人带来的共同感受：无论大小创新，当我们看到结果的时候，总是会觉得恍然大悟，但自己当时就是想不到。这是为什么？其实，创新就是一种“质变”，“质变”需要经过“量变”的积累。老子说：“天下难事，必作于易；天下大事，必作于细。”聪明的以色列人也深谙此道，对生活中的点滴细节极其重视，并从细节入手，于是取得了有效的创新，逐渐积累，形成了更大的创新甚至是变革。当这种思维习惯形成一种社会氛围时，创新精神便渐渐成了一个民族的特色，进而转化成巨大的生产力。

密码锁源于学生对自己隐私保护的需求。我们发现，以色列很多行之有效的创新都源于很不起眼的细微要求，而这些不起眼的小要求，往往会激发创新的灵感。以色列人让我们懂得了，“创新”不是浮夸的游戏、空洞的口号，它要做的只是某件具体的事情，而这件事只是为了更好地为人服务，这个小小的创新能让人们生活得更美好。

推陈出新，革故鼎新，皆由细节的创新开始。细节的创新，是缔造美好生活的源头。

（华志英）

简朴实用的幼儿园设施

走入以色列的第一所幼儿园，是一个基布兹的集体幼儿园。基布兹就是集体农庄的意思，基布兹的一切财产是属于集体的，住宅是集体分配的，吃饭是免费的，当然工资也是很少。基布兹的这种形式是以色列建国初期为了解决以色列人归国后的生存问题而设立的。每一个基布兹都有一所幼儿园和学前两个年级，目的是解决村民子女的入园和年龄段小的孩子入学的问题，目前以色列实现学前教育一年免费的政策。中小班级的孩子入园需要交纳一定数量的学费，如果家庭困难也可以申请减免。

以色列的幼儿园设施投放深受其国内消费习惯的影响，在以色列所有的设施以简单、实用、满足基本需求为目的，包含其公共基础设施，如公路很少有超过两个车道的，所有的家庭以及校舍没有国内所谓的精装修，就连马路上也很少看到豪车和大型的私家车，基本上是以满足使用为准则。正是受这种思想的影响，以色列幼儿园的设施设备基本是为了满足使用需要，大多数的教学用品是教师自己制作的，充分利用了废旧物品。在我们参观的这个幼儿园里，孩子的活动场地里堆满了旧的电视机、洗衣机、电冰箱和锅碗瓢盆、电话机等，地面就是沙子，整体就是那种破败的感觉。看到这些我第一个想到的是：这样的幼儿园如果在国内家长会是什么反应？教

以色列的幼儿园设施

育主管部门会不会让我们关门？

幼儿园没有跑道和操场，但是每一个幼儿园都有一个巨大的沙池。我们在与园长和老师的交流中得知，以色列的学前教育主要是培养孩子的认知能力、动手探究能力和自主能力。沙池提供了很多探索的空间，各种废旧的生活设施给了孩子探究的途径，可以认知，可以拆除，在玩的过程中培养孩子对科学的兴趣。

关于运动领域培养方面，在我们与幼儿园负责教师沟通时，教师说：你给了孩子空间和时间，多动的孩子会缺乏运动吗？孩子的自主平衡能力、协调能力以及运动技能是可以在生活中自然获得的，是不需要专门设置课程来完成的。给孩子自我发展的空间、尊重生命和成长规律，这恐怕是我们国内学前教育工作者应该考虑的重要问题。

我们国家对幼儿园的房屋建设是有设计要求的，对班级的物品配备也是有详细的要求的。走了几个国家以后我们发现，我们这个发展中国家拥有着世界上最好的幼儿园硬件设施（不算个别的偏远山区），而我们的教育与这些国家相比还是存在一定的差距，这种差距往往体现在软件上面，如师资队伍的建设方面。好的教育不是取决于你有多好的硬件条件，而是取决于你的教师及其教育理念。

（宫照伟）

幼儿园的大沙池

参观由退伍将军担任校长的Kfar Shmaryahu Hof Hasharon School，最深的感触就是学校绿树多、沙土地多、运动设施和操场多，更有便于孩子随处休息的造型各异的休闲座椅，特别方便孩子学习和生活，身处校园犹如乐园、公园、家园。也许正值课间休息时间，校园操场随处可见活泼自在的孩子们，见我们走近都会主动、热情、友好地跟我们打招呼。

穿过学校操场，校长带我们来到学校一角的幼儿园，不大的幼儿园大门，想象里边也应该小小的吧。一脸自信的“将军校长”（我觉得这样称呼更贴切）很兴奋地告诉我们他要办未来最好的幼儿园。带着这份好奇，我们随校长走进幼儿园，首先看到的却是超级宽敞的幼儿游戏室，几个看起来比较大且造型各异的木质玩具，很抢眼，

幼儿园里的游戏室

很漂亮，也很特别。

接下来更让我眼前一亮的是，在跟班级活动室相连接的户外操场上有一个超大的沙池。沙池里的玩具丰富多样、摆放整齐，便于孩子取放。仔细观察这些玩具，不仅有足够数量的各种材质的盆、桶、碗等，更有孩子们特别喜欢的小推车、小拉车等，不仅如此，可以供孩子进行桌面操作的桌子和椅子也摆放在沙池里。放眼望去，沙池里还有 2—3 个比较大的滑梯、汽车、房子模型等游乐玩具，相信这样的游乐天地一定是孩子们每天最喜欢的地方了。

其实，校长并未仔细介绍他要打造的最好的幼儿园将是什么样子，但我猜想他一定是希望通过提供丰富、刺激的玩具材料和游戏活动，给予孩子更多操作体验和思考发现的机会，帮助孩子在自由、自主、自在的互动活动中，实现自我发现、自主发展和自我建构。

幼儿园的沙池

在一个只有三个班的幼儿园，跟班级环境配套设置超大的沙池和活动场地，这在幼儿园建设中是极其少见的。在国内，能保证每个幼儿园有一个沙池就已经不错了，像这样一个班配有一个带沙池的活动场地的情况基本没有。我一眼望过去，三个班就有三个不同大小的沙池，而且玩具材料也各有不同。

▲ 幼儿园孩子在沙池边吃水果

这让我不由得想起在我们所参观过的以色列的幼儿园，即便是再小的幼儿园，也都会因地制宜设置面积不小的沙池，而且，孩子们基本是每天都会在沙池里玩耍游戏，老师甚至还会组织孩子在沙池边吃水果。

家长、老师都不会因为会弄脏孩子的衣服和身体而限制孩子进入沙池活动，而这也真正体现出幼儿园开放的环境、开放的活动以及开放的课程理念。

（罗　虹）

第3章

创新中的理性

“创新”是个抽象的名词，但当以色列人把它放到生活中的一个个细节场景中去体现，创新就像空气一样让人产生近乎自然的依赖，像血液一样渗透于每个人的身心，像根须一样交织于人们的生活。

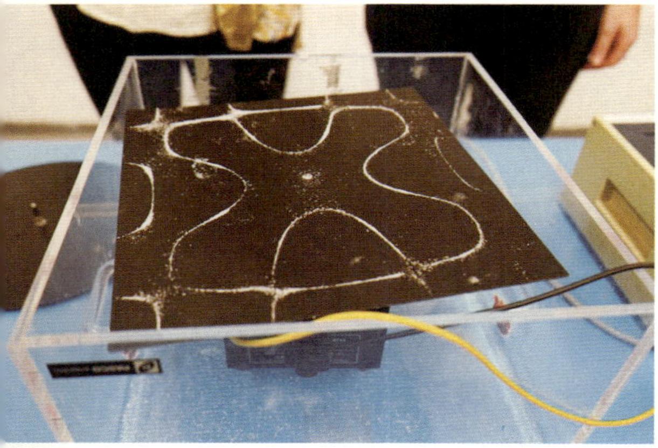

◄ 希伯来大学青少年活动中心里的声波实验

▼ 简易、可见、好操作的实验仪器

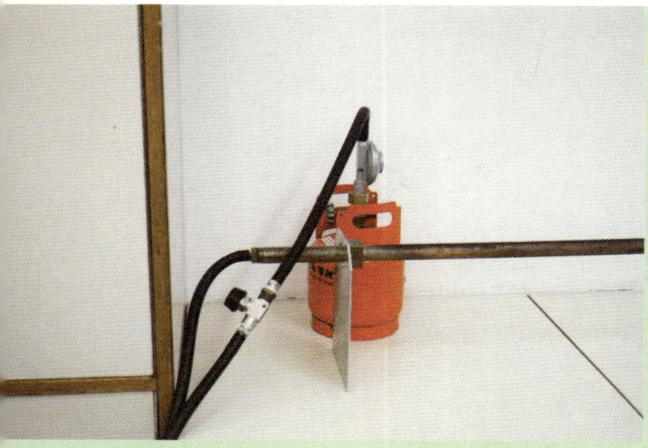

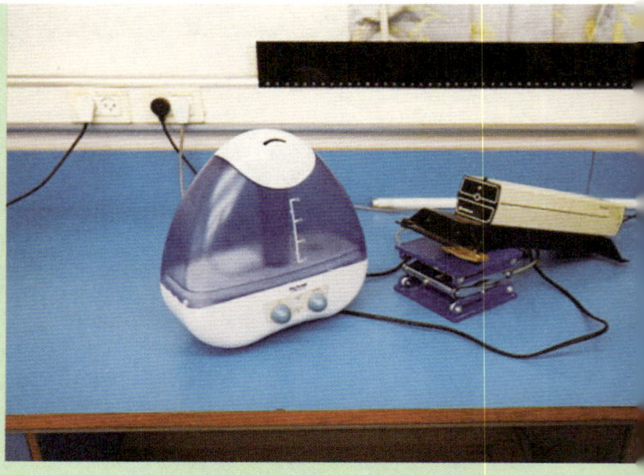

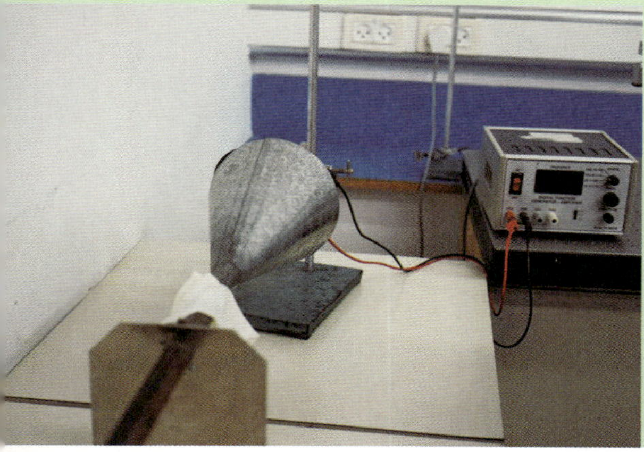

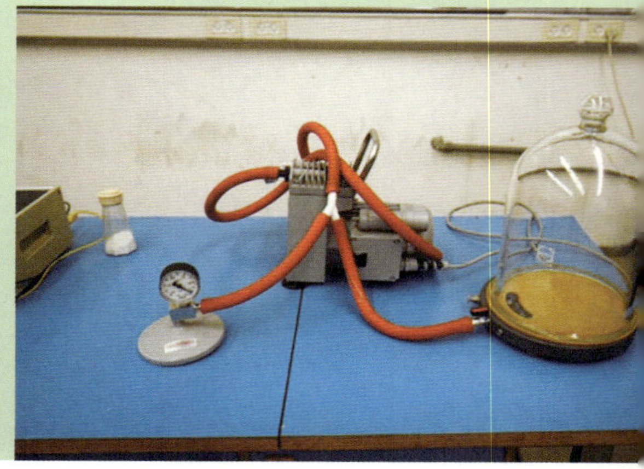

大众与精英的教育

实践操作是创新的开始

以色列教育鼓励每个学生动手实践，参与劳作与游戏。许多课程都是通过游戏来实现的，游戏激发了年轻人的兴趣和爱好及其对卓越的追求。游戏是以色列课堂教学常用的方式，如何实现“玩中学”？有很多技术和技巧，每种游戏的方式方法不一样，比如通过比赛、讲演等方法创造一种竞争的氛围。游戏过程中的技巧需要基础知识的支撑，学生为了在游戏中获胜，必须一步一步地掌握这些技巧和知识，在游戏的过程中也就弥补了学生平日学习的缺项和漏项。以色列教育体系的游戏含量非常之多，他们有一个理念，让学生有参与感，让学生在游戏过程中身临其境地学习知识。犹太人认为，对年轻人最大的伤害不是惩罚他，而是忽视与冷落。所以，游戏让每个孩子在成长过程中有一种健康的心理状态。这种新颖性的追求使学生的创造力得到爆发。

我们每到一所学校，所看到的都是孩子们在自由地活动，运动、绘画、在沙池里搭建房屋、让小兔和老鼠闯过自制的隧道……每一件事都是孩子们喜欢的！只有10岁的Nuomi是导游的女儿，两天时间就跟每一个团员都很熟悉，她会在大家上车时为每一个人发水，在景区或休息站为我们找洗手间，在母亲给大家讲解时安静地

▲ 以色列公路两旁的绿树与繁花

▼ 荫凉、安宁的路边咖啡店

聆听，有时候户外的讲解会长达几个小时，她会寻找伙伴玩耍，跟小贩交流。这是个天性开朗的姑娘，大声地唱歌，快速地奔跑，敏捷地攀爬，我总是在她玩得很开心的时候问她：周末过后要去学校了，你想去吗？她总是毫不犹豫地回答我：我太想上学了，那里有很多好玩的！如果学校是好玩的地方，那学习一定是好玩的事，如果孩子热爱学校，那一定也会热爱学习！

善于提问是思考的开始

犹太人崇尚创新，他们认为没有创新的学习只是一种模仿，学习应该是以思考为基础的，要敢于怀疑、随时发问。在许多犹太人家庭，大人对放学的孩子问的第一句话就是："你又提问题了吗？你提出了挑战老师的问题吗？"犹太人把问题的提出和带着问题去学习作为教育的根本方向。首先，要提出好问题；其次，通过课程解决问题；最后，寻找解决问题的方法和技巧，把知识结构作为教育的主要内容。在教育过程中从来不鼓励学生去崇拜权威，他们崇尚独立性和创造性。假如在学习过程中学生敢于对传统知识进行挑战，会受到非常大的鼓励。在每一门课程开始之前首先让每个孩子对某一项知识提出问题，学生找到兴趣点之后带着他的兴趣去学习知识。

记忆犹新的是我们这一大群中年人到希伯来大学精英学习中心学习，两位老师都是直接把我们带到生物实验室和物理实验室。生物实验室里先看了蟒蛇，每个人诚惶诚恐地去摸了蛇身，在显微镜下观察动物的唾液，再到分解仪器上看结晶分解图形。观察过程中，一个个疑问冒出来是一件很自然的事，然后老师告知我们精英课程就是这样上的，让对生物、物理感兴趣的高中孩子通过思考问题来学习和研究。试想连我们这群平均教龄超过25年的教育工作者都兴趣盎然地投入其中，这对于那些对自然、对世界、对未来都充满好奇的孩子是怎样一种影响。

今天，我们的课堂教学也鼓励孩子提问，甚至设计一些环节来专门提问，但是问题方向和路线往往比较单一，尤其是开放的课堂，因教材内容的局限、课程进度的完成、教师掌握课堂的能力不高等，很多问题不大胆、不深入，很难让学生入心入脑。在家庭教育中，很多家长不愿意回答或不能回答孩子的问题，也不愿意和孩子一起去研究问题，缺少耐心。

团队合作是培养精英的开始

以色列人注重在怀疑和争论中获得新知识。课堂中的讨论、表达、推理以及不同课程的安排，是为了让不同的学生参与不同类型的组织活动，通过这种课程设置使每个人都具备领导力。通过争论带动了思维，通过争论培养了口才，通过争论交了一批朋友，通过争论获得了一些个人学习无法获得的知识。希伯来大学在精英学生选拔时特别强调，不仅要看学生的学业状况，更要看学生在活动中是否木讷和自私，木讷和自私的人不能成为精英人才。可见，以色列对学生的领导力、创新能力、合作精神非常看重。

孩子们无论是上课还是游戏都是以小组合作的方式进行，老师将任务或问题分发到各组，孩子们自由讨论，通过各种渠道解决问题，也可以自主选择任务，寻找伙伴讨论。我们看到一组学生，是学校各个年级的体育爱好者，正在老师的带领下，设计全校的体育运动计划。

和以色列没有宪法一样，没有在以色列的学校听到和看见关于规则与纪律的介绍，孩子们有序而自由地生活在学校，跟在家里和外出郊游没有太大区别。离开以色列的那天早上，我们去了最后一所学校，这所学校从幼儿园一直到高中，仿佛进入了一个天堂般的农场，孩子在这里种植、游戏、上课、表演，校长生在这里、长在这里、家在这里。学习与游戏、工作与生活、事业与家庭完全的融合，这种彻底的浸润式管理是我从未见到过的，也让我非常震惊和难忘！我们所看到的以色列教育不仅仅是学校教育，而是一个理念系统、力量系统、细节系统完美结合的社会体系。教育与以色列社会文化完全融为一体，依靠信仰形成道德体系，没有教育的痕迹，轻松而自然。

街头，即使是荷枪实弹的士兵（高中后全民服兵役），也可以自由交谈、游荡，而我们一群外国人，可以放心地穿梭其中，甚至友好地和他们拍照。没有一个国家如此危险又安全地存在，没有高度的自律和责任，没有统一的信仰与目标，都不可能实现。我们考察的可以说是世界上最好的精英教育，我们真正看到的是以色列国家民族高度团结和自强不息的奋斗精神。

（钟　樱）

自拍中的士兵

生活处处有创意

废品在多数人眼中，锈迹斑斑，毫无美感，然而以色列人却特别喜爱将废旧材料加入自己的创新思想，摇身一变，使其成为人们称赞的艺术品。在这里，我看到一群已经把创新精神融至血液，把对生活的热爱深植思维，纵使面对一堆废品，也会不断创造美好的人们。

“废铜烂铁”下的艺术奇迹

以色列土地贫瘠，水源不足，但在科技与创新的支持下，农业发达，锦簇的鲜花、茂密的绿植随处可见。一路走过，我们发现无论是校园还是路边的人家，随处可见艳丽的鲜花。我们所住的宾馆窗外，特意设有一圈花栏，里面种满了鲜花，虽然不是春天，但一推开窗，总能和簇拥在窗边的鲜花相遇，顿时有一种说不出的欣喜。以色列街头，几乎家家户户的房子里总能找到一抹艳丽的亮色，有的在小院里探出数枝，有的在窗户旁伸出一簇，走在街头，随时抬头，总能和美好

以色列的建筑

不期而遇。

在以色列的街头，我们还看到这样一株奇怪的树。这棵大树好像是从一枚蛋里破“壳”而出，根部被“蛋壳”包裹得严严实实，更令人称奇的是，蛋壳通过几条缆索牵引腾空而起，悬浮在空中，远远看去，这棵“壳中树”悬浮在空中，郁郁葱葱，让人叹为观止。原来这是一种叫“活树成形”的生态技术，是以色列科学家的研究成果，他们还在继续研究，争取设计培育出各种用活着的树造成的房屋。这些房屋除了有外形奇特、清洁环保的优点外，还能够防御强烈地震的袭扰。在树下，我们惊叹于树的曼妙身姿和奇特的造型，感受着创新科技带来的惊喜。

不要小看这些鲜花和绿植的科技含量，在以色列，令世人惊叹的农业生产力中，有95%来自于科技创新贡献的力量。每片土壤下，都遍布着密集的浇灌管道，纵横交错，而浇灌用水的处理和分流，也得益于科技力量。

美好不仅限于此。

在戈兰高地，我看见了很多新奇的东西：战壕、地堡、生锈的机枪架、身着迷彩服的国际战事观察员。站在高地，目之所及就是叙利亚境内，隆隆的炮火和爆炸声令我们第一次感受到战争离我们如此之近。但最让我们震撼的是，在观察站旁边，居然有一个温馨的咖啡馆。木结构的房体，就让人心生温暖，在咖啡馆窗外，也种了一排鲜艳欲滴的不知名的红花，这一抹如火般绚烂的生命，与不远处意味着死亡的战争形成鲜明的对比。每一声隆隆的炮响都让我心里一颤，但是在高地上游玩的以色列人却表现得出奇的平和、安详，甚至有行人推着婴儿车在那里气定神闲地散步，可爱的婴儿在车里左顾右盼。一边是残酷的战事，一边是悠闲安定的人们，再次形成鲜明的对比。

戈兰高地曾经经受过战争的洗礼，至今依然满目荒凉，我们往下走的时候，发现了一堆艺术品。最令人惊讶的是，这些艺术品是由废铜烂铁组合成的。在沿路的几块大石头上，竖立着用废车轮、空炮壳、铁丝网和枪管组合成的艺术品。有的像蝙蝠，有的像公牛，造型或夸张、或逼真，有些虽然看不确切，但依然惊叹于制造者的奇思妙想，他们竟然能拿这一堆废弃的铁器创造出这样充满情趣和生命热情的雕塑。

用废旧钢铁做的景观

行走在以色列的街头，惊喜不断：这里有用旧报纸塑成的真人大小的攀岩模型，也有用废铁构成骨架中间饰以彩蝶的奔跑人形……这种由废品加工而成的艺术品，在以色列随处可见。在一所学校的校园里，我也发现了“艺术品”的身影：一辆很“酷”的车。它是用拖拉机的废弃零件组装搭建成的，成了引人注目的校园一景！这些创作者该怀有一颗怎样热爱生活的心和奇思妙想的脑，才能化腐朽为神奇，利用废弃物创造出这些令人拍手称奇的艺术品呀！

一辆很“酷”的车

一些国家对以色列的“敌视”从来没有停止，建国后的62年里，以色列遭受了数次军事攻击，外交和经济封锁更是数不胜数，然而在以色列考察期间，我却感受不到丝毫的仇恨和不安。人们内心平和，天性自由快乐，无处不见的鲜花绿树，戈兰高地的温馨咖啡屋，隆隆炮火声中推着婴儿车淡定散步的行人，无不折射出以色列人对生活的热爱以及在危机中始终保持着的一份心灵的宁静、平和。

艺术品本身就是创新最直观的体现，但偏爱利用废品来制作艺术品，这更是以色列人创新的独特之处。他们从创作中品尝到甜蜜，又把这份甜蜜带进街头巷尾，带进别人的生活，让人们感受美好、享受生活，激发人们去创造更美好、更快乐的生活。

以色列人对生活所持的这份独特情怀和态度，不只体现在绿化、咖啡馆和艺术品中，也体现在其他细节中。由于以色列特殊的建国过程，他们的基础建设往往要满足民用设计和国防安全双方面标准，这一点在学校中也有体现。我们参观的一所学校设有地下防空洞，但这儿又确确实实是教室，黑板、桌椅、书籍一应俱全，墙上贴着学习计划和各种学生作品，透出浓厚的学习气息。据介绍，万一开战，孩子们即便躲进防空洞，也能正常上课。原来，以色列人并不是傻傻的乐天派，他们一直有着很强的忧患意识，但这并不影响以色列人对生活的热爱，不影响他们为了更好地生活而不断地创新。

深入地下的教室

这种创新和乐观的态度在我们的导游海伦女士身上也可窥见。海伦有一条美丽的围巾。这条围巾一直缠在海伦的脖子上，不仅因为它好看，更因为它在海伦的手下能发挥出不一样的功用。烈日下，海伦用它兜头一包，它顿时成了遮阳帽；进入宾馆，温差很大，人顿时觉得浑身毛孔一缩，海伦把围巾三两下一裹，就成了温暖的围脖；在高地，风呼呼刮得猛，飞沙走石间，海伦却很镇定地动动手，围巾瞬间成了一个面罩；拍照的时候，它又在海伦的摆弄下，成了造型服饰……我在一边看着，心里不住啧啧赞叹。简简单单一条围巾，居然可以在海伦的手下，发挥出那么大的功用。更令我叹服和深省的是这种行为背后的创新精神。

海伦有一个女儿，这次跟我们一同旅行。她年纪小小就已经掌握了三种语言，特别擅长与人交流，在任何陌生的环境下，几分钟就能和人打成一片；擅长模仿，还特别爱提问题，个性的快乐自由，对事物的好奇和探索欲，过人的交流能力，给我们一行人留下了深刻的印象。

海伦跟我交流过她的育儿经："主张自由自在，但是要有一定的规矩。"看着海伦和她女儿灿烂的笑脸，虽然是东方人的面庞，我却隐约看到以色列的缩影，那一刻，战场和街道边的艺术品、奇怪的树、窗边的花、来源于生活的玩具……都争先恐后地在我眼前跳跃，关于"创新"的理解，在我脑海中渐渐清晰起来。"创新"是个抽象的名词，但当以色列人把它放到生活中的一个个细节场景中去体现，创新就像空气一样让人产生近乎自然的依赖，像血液一样渗透于每个人的身心，像根须一样交织于人们的生活。

我恍然明白了：人在心底对生活的热爱，这才是创新生长的肥沃土壤。

导游海伦的创意

以色列是一个有理想、有文化的民族。他们靠创新从贫瘠中发现财富，靠创新从仇视中开辟生存之道。以色列总统佩雷斯说过："以色列唯一能自由支配的资本就是人。"因此，"以人为本"是以色列兴国的主要思想。如果能找到一位以色列人深入接触，一定可以更好地了解以色列，然而行程限制，这个愿望似乎不现实。此时我发现我们的导游——海伦女士，虽然出生在四川，但嫁给以色列丈夫后，长期生活在以色列，因此，无论她的思维方式还是行事准则，都颇具有研究的价值。于是在伴行过程中，我对她特别关注。

那次在“悬空树”下，大家兴致勃勃观赏一番后，商议合影留念。面对相机，我们习惯性地摆出剪刀手或者自己熟悉的拍照姿势，这时一边的海伦看不下去，开口了：“面对这样一棵奇特的树，你们也应该用奇特的拍照姿势才好呀！”说着，她以身示范：躺到了那棵大树圆鼓鼓的蛋壳下面，做出要被压住的表情，我便抓拍了这经典一幕，效果非常好。受她的启发，我们的思维顿时活跃起来，每人设计出极富个性的动作。

看来，以色列真是一个重视创新的国家，也是一个真正重视创新的国家，它通过各种思考和实践，本着务实的精神，靠着热爱生活的国民，从生活中的每一个细节入手培养创新、张扬创新，用创新创造出美好的生活。

（华志英）

考察小议

答案重要，还是提问重要？

一直都听说以色列人喜欢辩论，孩子从小就爱问为什么，挑战父母权威，并从生活体验中了解如何解决问题，进而独当一面。

来到以色列一所小学参观，校长是一位看上去和蔼可亲的女士，一身白裙显得干净利落，在学生们简短而具有中式特色的欢迎礼仪之后，就我们提到有关以色列教育特色的话题，校长兴致勃勃地跟我们聊开了。她说以色列的教育在培养孩子的创新精神和自主能力方面有三大突出的特色，并贯穿在从学前到小学、中学的教育当中，甚至家庭教育也不例外。

第一是让每个人有主见。有人开玩笑说，10个犹太人有11种意见。这是因为以色列的教育无论在学校还是在家庭，都非常鼓励孩子思考提问，要让孩子有主见。每一个以色列人都十分清楚教育不只是读书、写字、学习知识那么简单，更为重要的是孩子思辨能力的培育与养成。以色列孩子放学回家，妈妈问的第一个问题不是“你今天学到什么？考了几分？”而是“你今天问了什么问题？”。学会问问题是以色列人启发孩子思考的第一步。校长说，以色列在设计幼儿园教材时，最重要的考虑就是鼓励孩子问问题，启发其思考。“希望教师鼓励孩子问问题，但不直接告诉答案，因为我们都知道问问题本身比回答问题更重要。”校长这样解释说。

这让我想起在我们的教育中，教师、家长的关注点常常因为理念不同而有所冲突，影响孩子的成长。记得有一次在我所管理的幼儿园里，一位家长非常生气地带着孩子到我办公室投诉说老师不公平，经常未关注到孩子在班级的学习发展情况。我问："孩子有什么问题吗？"她很激动地说："是的。"她接着说，她注意到她的孩子在班级各方面都很差，不像×××小朋友样样事情总是排第一，老师也很少关注孩子这方面的要求。通过了解我知道这位家长是一家企业的高级主管，因此对自己的孩子总是要求很高，期待孩子在班级也应该跟她一样在各方面都很优秀，当年龄偏小、发展迟缓的孩子未达到她的期待时，便把这样的怨气撒在老师身上。其实，在国内这样的家长不在少数。家长往往会问孩子这样一些问题："今天在学校（幼儿园）学到了什么？""老师表扬你没有？""是不是排第一了？"等等。想想以色列孩子的家长能有这样理性而从容的观念和做法，让我们不得不由衷佩服以色列从学校到家庭这种教育一致性的无缝衔接的渗透性和强大能量。

第二是在生活教育中体验不同情境，自己解决问题。东方文化不喜欢冲突，讲求和谐。校长说："在以色列却是另一种思维方式。这或许也是以色列人能突破框架思考与创新的来源吧。希伯来文有个词叫Balagan，意思是混乱、乱七八糟，但也引申为不畏权威、特立独行、勇于创新，所以在以色列我们允许孩子在混乱中成长，这也是我们的一个教育观念或是文化吧。"我想起在考察中看到的一所幼儿园的一个情境，午饭时间只见孩子们一个个坐在高脚椅上，年龄从1岁到3岁不等，他们都自己吃饭，有的用手抓饭，满嘴糊得到处都是，有的在玩食物，捏成一团然后放进嘴巴里。老师先让他们自己吃，然后才做清理工作。我问老师为什么任随孩子这样，他们说吃饭对于孩子来说既是玩耍也是学习。这样的观念和做法，对我们来讲真是觉得很新鲜。对于进餐而言，在我们的幼儿园里，是绝不会这样放任孩子边玩边吃的，我们会从卫生保健和班级常规建立的角度，非常清晰地规定孩子进餐的流程和要求，以帮助孩子养成良好的进餐习惯。

校长继续介绍说，在以色列的幼儿园里，每天都会安排一些自由活动的时间，老师会放任小朋友尽情玩耍，让孩子放风，当然，这也可能是孩子哭闹得最凶、嘶喊得最厉害的时候。但老师并不会立即禁止孩子哭闹，或让他们乖乖地安静下来，而是放任孩子们继续玩耍并自己调整。校长说这是训练孩子们取得群体位置的最佳时机，任凭孩子们争吵和摩擦，让他们发现自己在群体中可以扮演什么角色，比如说谁比较聪明就负责出主意，谁善于讲道理就负责说服、调节，谁能做事就让他来执行，甚至谁的力气大下次就不要招惹他。

这种独立思考、解决问题的教育训练，会一直持续到中学、当兵，成为以色列创新人才培养的关键一环。

第三是自己动手做，找寻答案。让学生动手做，是以色列教育的精髓，甚至从幼儿园就开始让孩子自己动手做实验。在这所小学的参观过程中，我们正看到一群五年级的小学生在上实验课，20多名小学生被分成了六组，任务是将两杯形状大小不一样的杯子里的水，分成一杯是另一杯的两倍。孩子们可用的工具有滴管、尺子等。只见孩子们吵吵嚷嚷，仿佛无从下手，老师站在旁边，绝不轻易开口，任随孩子们摆弄。不多一会儿，教室就安静下来，可以看到孩子们很专注地思考、操弄和尝试。到活动即将结束时，孩子们都有了自己的答案，只见老师一组一组不厌其烦地跟孩子们交流和讨论，但最关键的是老师对于孩子们的做法都给予肯定和接纳，并没有一个统一的答案给予孩子。

我自己所在的幼儿园从1996年起就一直坚持幼儿创造教育研究，至今有近20年的研究历程，我们力图在幼儿创造性的培养上有所实践、有所发现、有所突破。我们所走过的四轮创造教育的实践探究历程，尽管切入点各有不同，但最后的指向都是培养孩子的观察兴趣、思维能力和创新品质，其中最重要的行为表现就是让孩子好奇好问、乐于探究、善于表现。这次考察以色列，了解到这个创新国度在人才培养方面的理念和举措，尤其是具体教学实践中“让每个孩子都有主见”“让孩子在生活教育中体验情境，自己解决问题”以及“让孩子自己动手做，找寻答案”的做法，对我的启示特别大。在我园新一轮的课题研究中，我们以“自在创造幼儿园课程体系建构的行动研究”为选题立项推进，也力图在“儿童中心”和“关注儿童存在状态”的新理念指导下，培养“幸福完整的五自（自在、自由、自主、自然、自信）儿童”。这次行走以色列，领悟到不一样的创新教育，相信在未来的研究中我们会有不一样的创新实践。

（罗　虹）

第4章

教会学生生存

芬兰注重生存教育，他们认为只有从小培养儿童的生存意识、生存能力、生态意识等最基本的东西的教育，才是符合人性的教育，这样的教育才会是成功的。如果以此审视我们的教育，我们更需信任、尊重、沉静。

芬兰学校的桌椅

大大的桌椅，小小的人儿；桌椅按比例放大，使大人体验小孩子的感受

生存教育是根本

让孩子更自主

芬兰的学前教育注重幼儿自主发展，孩子正是通过组小的操作实践、亲身经历等获得自主发展，幼儿教育更多地以自主发展统领着幼儿园课程。据了解，为了更好地配合学前教育，芬兰在2000年时起草了核心课程。核心课程的重点不是把知识编排成科目让幼儿通过上课来学习，而是重在启发，引导幼儿从游戏中、从大自然中，通过绘画、语言、阅读、观察进行学习。

比如，在学习艺术与绘画时，芬兰的老师们更喜欢鼓励孩子直接表达与抒发情感，不会为了让孩子的作品符合成人的审美而过多干预，更不会为了让作品“看上去很美”，而不惜手把手地让孩子在作品上添上五彩亮丽的颜色。这种表达自我与“看上去很美”的差异，既凸显了教育观念的差异，更凸显了孩子是否拥有自主发展权的差异，在此背后可能也有我们对孩子、对教师是否信任的差异。这种信任的差异，也决定着我们是否敢于解放教师、如何解放教师，进而才能谈得上如何让孩子拥有更多发展的空间。

在芬兰，家长送孩子进入幼儿园的目的是让孩子更好地玩要、学习、交朋友。虽然芬兰的父母们基本上都会把孩子放在托儿所，但他们更多考虑的不是自己工作的原因才选择让托儿所帮忙照看，

▲ 孩子们动手操作

▼ 芬兰学校里的工具

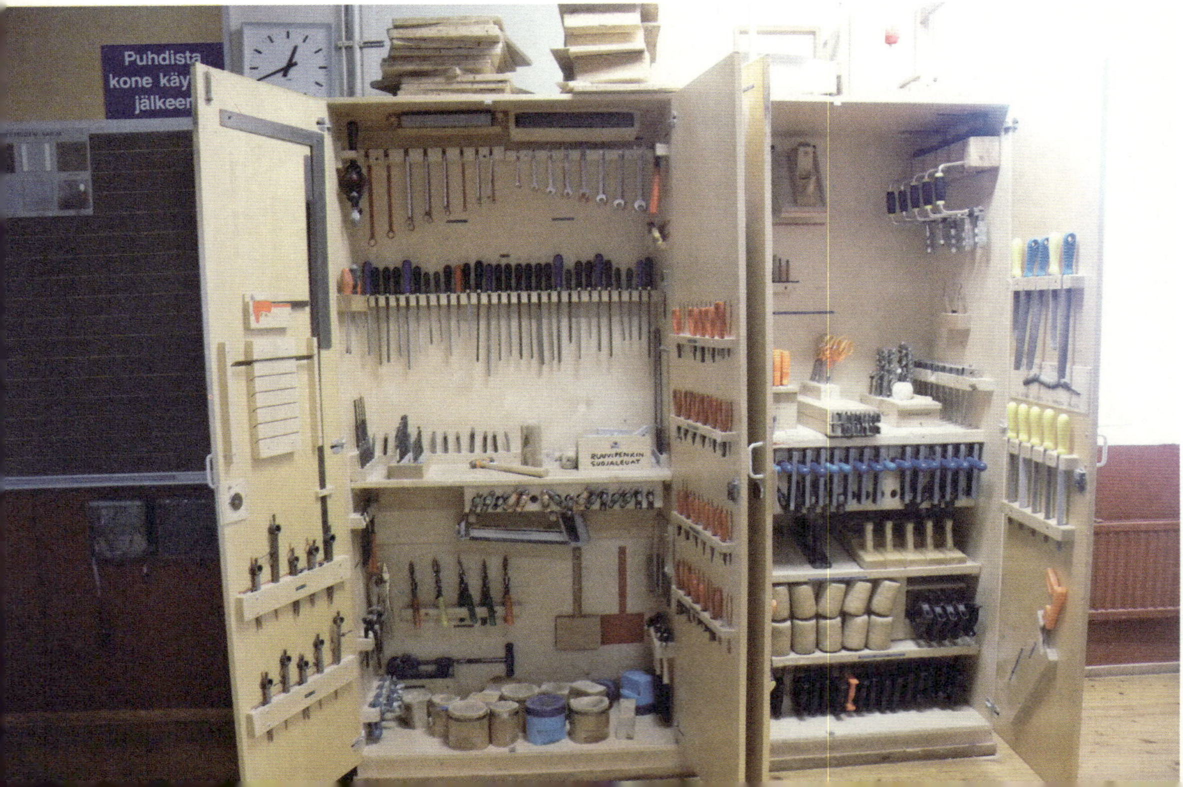

他们更希望孩子在幼儿园里能够玩得更加尽兴、快乐，能够拥有更多动手与独立生活的机会，锻炼他们的动手能力和独立生活能力。也因此，芬兰的家庭基本上不会因为自己的社会等级和家庭经济情况而有意识地选择某个或某类幼儿园。

芬兰教育将自主发展作为核心课程的重点的做法所取得的成果也是十分显著的。他们这种看似不重视孩子“学习”，更在意孩子在学校里是否能够自主地游戏的做法，让他们在过去的很长一段时间里取得了让世界为之瞩目的成就。比如在2006年由经济合作与发展组织统筹的国际学生评估项目中，芬兰15岁孩子的科学能力是参加评估的57个国家中最强的，其识字率也排在世界第二。这对我们国家出现的幼儿教育小学化的突出问题是一个重要的借鉴案例，也从侧面说明了我们现在很多超前识字、过分注重强化训练的现象，既不可取，也没必要。

锤子、锯子、钳子里的生存教育

芬兰的孩子从1岁多起就送幼儿园，幼儿园提供许多可供孩子学习与活动的材料。这些材料大多是用布、纸、塑料、棉花、木头等加工后的成品或者半成品，它们被放在孩子随手可以拿得到的地方，让孩子在玩耍中发挥想象。幼儿园经常为孩子安排户外活动，比如组织孩子带着锤子、钻子、锯子等到树林里爬树、滑坡、搬石头、捉虫子等。据了解，幼儿园在分班级时往往不是按照平行年龄段进行分班的，他们会有意识地让不同年龄段的孩子生活在一起，希望他们能够发挥不同年龄段的教育作用，培养孩子的主动性、自主性以及相互团结协作的能力。

我们参观的每一所学校，不管是幼儿园还是中学，都有一项非常重要的教育内容——培养孩子的生存能力。一位小学的老师向我们介

学生们在学习缝纫

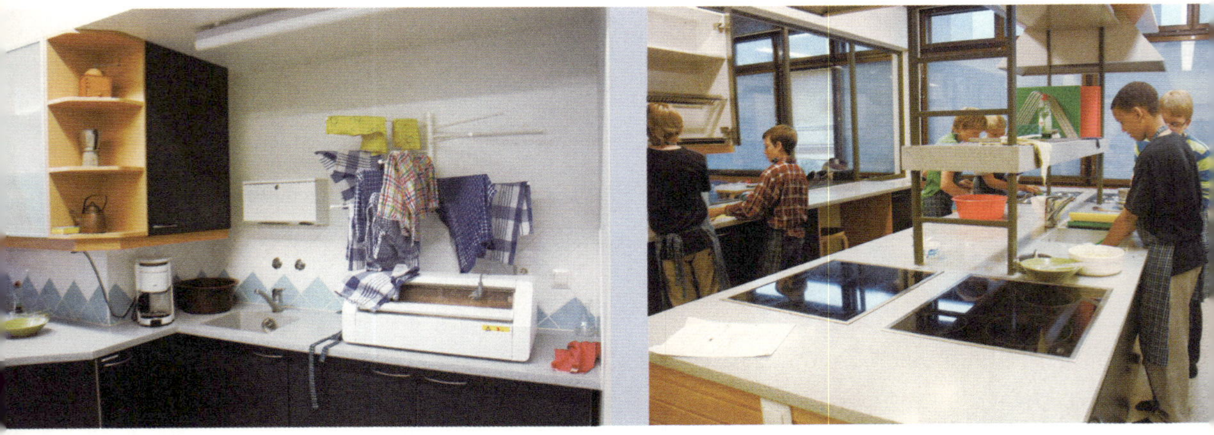

设计成厨房的教室

绍：学校开学的第一个星期，学生们一般是不在教室里的，他们跟着老师一起到处“游逛”，了解怎样找到警察局、怎样买东西、怎样停车等最基本也是最需要的生活、生存的技能。不仅如此，学校还安排了体现“学会生存”这一理念的课表，而像体育课、纺织、木工、铁工这些生存类的课程加起来的总学时甚至超过生物、物理、化学、技术的总学时。我们去芬兰的一所小学参观时，三年级的孩子正在上木工课，每个孩子必须根据学校提供的材料做一个完整的木盒子。我们看到，操作台上的材料有锯好的木料、胶水、钉子、锤子，孩子们根据提供的材料自己做着木盒子。让我们惊讶的是女孩子们一手扶着钉子，一手拿着锤子，像模像样地敲打着木盒的衔接处，看不出一点的娇气。在教室墙角有三个巨大的不锈钢柜子，老师打开柜子门，我们都惊叫了起来，原来里面摆满了学校提供的各种工具，让我们感觉就像进了一家小型加工厂。

家政活动中的生活教育

北欧的教育一直贯穿着“学习是为了适应社会，为了更好地生活”的理念。无论是芬兰、瑞典还是丹麦等国，幼儿园、小学、中学设置的课程都是以儿童的生活为依据，孩子们经过学校的课程学习，不仅能掌握基本的生活常识，而且学会了家政、手工制作等生活中需要的本领和知识。

北欧的学校教育内容很丰富，孩子们根据年龄不同，除了要学习不同的基础知识，还要学习不同的生活技能。在北欧，不同工作的工资差别相对来说较小，因而兴趣往往是择业的主导因素，所以，学校里没有逼着孩子整天做“学问”的老师，老师们觉得让孩子学会生活更重要。

我们走进一个设计成厨房的教室，孩子们在这个教室里学习如何做可口的食品，如何用洗衣机把脏衣服洗干净，如何用微波炉做快速食品和蛋糕。在这里，孩子们互相协作，不管是男孩还是女孩，都穿着围裙在做着自己喜欢的活儿。学生们在这里用一年时间不间断地学习，逐渐认识各类食物与食材，了解各种食物的营养价值，当然也包括掌握使用灶具、烘焙制作、煮饭炒菜等生活的技能；同时开始形成关于家庭的经济规划与预算概念，包括如何有计划地购买物品、如何处理与分类洗涤一般衣物、如何处理家务以及垃圾的分类处理与丢弃等。这么丰富的知识和能力教育，即使是我们一行的大人都很少能把家务做得如此精巧和经济，我们只能一边品尝着孩子们亲手制作的色拉，一边感慨着北欧教育的独特。

校长介绍说，孩子们大约到了八年级的时候，学校就会组织学生去他们自己感兴趣的行业场所进行参观，例如，喜欢当厨师的就选择技术类学校的厨师专业，喜欢动手摆弄机器的会选择机械专业，而功课一向很好且喜欢逻辑思维、理论研究的人就上大学。

在另一间生活教室里，我们看到的就是八年级的孩子在这里进行另一种家政课的学习，男孩子在学熨烫衣服，女孩子在学缝纫。看着孩子们专注地、有条不紊地做着手里的活计，我感慨颇深：自己的儿子从小到现在高二，从来没有碰过这些日常家务事，更不用说在学校里花时间学习这些家政活儿了。在中国家长、老师的眼里，孩子的世界似乎就是作业，孩子除了做老师布置的作业，还要自己找许多的练习册来做。

我问老师：“男孩子也要学缝纫吗？”“当然。”老师们高兴地说，“男生们可爱踩缝衣机咧！小男孩们在缝纫课堂上各个都会乐在其中。”我忍不住问了句：“为什么呢？”老师们笑着回答说：“因为缝纫机是部机器啊！”

导游为我们介绍说，在北欧的社会化工作中，男生、女生的工作类别没有太大的分工，这源于从幼儿园到小学、中学、大学的所有教育中从来没有性别差异这样的概念。由于教育观念的影响，北欧没有“女士优先”这一说法，女人在家庭中比较强悍，在家里操持一切，什么活儿都能干，在家中说了算。有的女人不但在家里尽领风骚，在政治舞台上也是叱咤风云，发挥重要的角色。例如，挪威、冰岛、芬兰的很多女性在国家政府部门担任重要职位，甚至占了半壁江山。而在北欧的街道上会有很多年轻的爸爸推着婴儿车，拿着奶瓶，周到地喂孩子，男用洗手间里也会有婴儿换尿片的操作台，爸爸们给孩子喂奶和换尿片的动作都很娴熟。这些与我们中国“男主外、女主内”的观念完全不一样，这些与教育的结果有着密不可分的关系。

据世界经济论坛2005年对全球58个国家的调查，从经济参与、经济机会、政治授权、教育程度和健康五个方面看女性在各国的地位，排在前五名的分别是瑞典、挪威、冰岛、丹麦、芬兰。因此，有人说北欧是女人的乌托邦，父亲也经常温柔地介入各项家庭事务，日常琐碎的育儿事务都难不倒他们。这和我们看到的三年级的木工课、缝纫课是一致的。在他们的课程中还有许多项目是没有男女之分的，课程的设置和实施，让孩子们从小就明白男女平等、相互尊重的道理。

工艺与编织、家事与厨艺，一切生活与生命中最真实的事情，就在孩子们亲自去学习的几年之中，点点滴滴地灌注在他们的血液和基因里，没有家长们的操心、代劳、干预，既不会马马虎虎交差了事，更不会自欺欺人地由人代为动手。同时，老师会为每个学生建立学习档案，非常具体地描述他的学习、生活过程，他的弱项在哪里，强项在哪里。弱项会得到及时的帮助和支持，强项会得到让它闪光的机会。对于有些较为调皮的学生，老师们会集体观察、集中讨论，发掘每个孩子的闪光点，让每个孩子都能感受到自己的价值，发挥好自己的特长。

到大自然去！

北欧人认为：教育应顺应孩子的天性，给儿童充分的自由。我们看到幼儿园教室里摆有新鲜的水果，还有从外面捡来的石头和树枝。原来老师们用这些自然物品让孩子学习数学和科学以及语言等内容，同时借助这些物品的布置，让孩子们了解大自然。他们的老师说："用这种从自然中收集来的物品取代学具和纸笔，孩子们所学的内容就会直接印在他们的大脑中。""玩是孩子的天性，也是孩子应有的权利，只有满足孩子的天性和权利，他们才会获得健康和快乐。"老师把教室布置成适合孩子玩的场所，而且相对封闭，可以让孩子们根据自己的需要，尽情地玩耍。不仅如此，每天还要有一两个小时让孩子到户外去活动、学习。虽然芬兰首都赫尔辛基空气干冷，老师们仍喜欢带孩子到大自然中去学习。此外，他们还时常带着孩子们到其他幼儿园或者公共场所去"串门"游学。我们在幼儿园参观时，就碰到另外一所幼儿园的孩子在这里游学。据他们老师介绍，北欧的其他国家也和芬兰一样，老师喜欢把孩子带到大自然中去学习。北欧的天气冬季长、雨水多，但丝毫不影响孩子们在户外学习和锻炼，为了外出学习方便，每个孩子都会有一件雨衣和一双雨鞋。孩子们最喜欢在户外上课或者在户外进行游戏活动，很多孩子会将树枝、松果、石块、水果等在地上摆出各种形状，在这个过程中，数数、比较、认识形状等一系列数学知识、几何知识也就自然习得了。不管是春夏秋冬、刮风下雨，孩子们每天

芬兰一景

都会有一段时间到户外去活动，他们从小就懂得了如何与大自然打交道，学会从大自然中获得乐趣，也培养了一种在恶劣天气下不屈不挠地生活的品质。

著名的儿童权益倡导者理查德·洛夫在《林间最后的小孩》一书中提道："对于孩子来说，自然的面貌是多种多样的：一头初生的牛犊，一只宠物的出生与死亡，一条年代久远的林中小路，一个荨麻丛生的小窝棚，荒地边上的一块神秘湿地。虽然面貌各异，自然总是能给孩子一个更为广阔辽远的世界，这既不同于父母给予的亲情世界，也不像电视那样会'偷走'孩子的时光，相反，她能丰富孩子的精神世界，医治生活在不幸家庭或邻里的孩子的创伤。"在今天这个钢筋水泥占主导地位的世界里，如何学习北欧这种将自然带进教育的做法显得尤其必要。

北欧的教育者如此强调孩子的户外游戏，既是为了增强孩子的体质，更考虑到了孩子心理健康发展的需要，考虑到大自然在激发孩子的好奇心、探索欲时所发挥的重要价值，让孩子在和大自然的朝夕相处中培养起热爱大自然的情感。可能也是这个原因，我们觉得北欧幼儿园的科学教育、环境教育是和孩子们的户外活动息息相关的。比如，他们会把孩子们在户外的劳动成果，如孩子们种的胡萝卜、草莓的图片张贴在墙上。照片中的孩子洋溢着的自豪感和满足感让我们对他们在活动中的投入度感同身受。

可以说，户外的劳动既是一个探索、尝试的过程，又是一个学习科学、探究科学的过程。北欧的教育者们就是在带领孩子走进大自然、享受大自然带给他们的愉悦和果实的过程中，引导孩子认识大自然、理解人类生活的意义。在这样的过程中，他们和孩子们讨论所吃的食物，了解食物的来源，熟悉昆虫的习性；有时，孩子们还会把生活中的迷惑告诉小树林，让小溪洗去他们的烦恼；有时，大自然也会让孩子们感到恐惧，但敬畏其实自有深意。大自然给孩子带来了一个远离成人世界的充满幻想、自由、隐秘、宁静的领地。无论是观看小猫的出生，还是悼念躺在冰冷地面上的、还未长羽毛的小鸟的死亡，大自然都给他们提供了大量的机会，满足他们对生命的好奇心，并教会他们死亡是无法逃避的法则。孩子们在其中体验着大自然，生成了保护大自然的情感。

他们老师还介绍说，芬兰以及邻国的学前教育措施是：从儿童的生活环境出发，让孩子充分认识大自然。寓教育于生活之中，日常游戏活动、劳动活动、制作活动、发现活动、探索活动、观赏品尝活动和环境互动活动等都是教育儿童的良好契机。

在幼儿园的一角，贴有老师带小朋友走进大自然的系列照片，上面显示的是初春时节，小朋友走进山林寻找春天的秘密。只见孩子们身着安全防护衣，走在树林中间。有的小朋友拾起地上光秃秃的树枝，仔细观察树枝的纹理模样；有的小朋友被一潭湖水所吸引，湖上面几只白鹅在游泳，仔细的小朋友还看到了湖中的水藻，他们利用手中的工具捞起了水藻，看看水藻的样子，闻闻水藻的气味。

正当看着照片上的场景，想象着小朋友在山林里嬉闹、探索的场景时，同行的人大喊一声："哎呀，小鸟，还有鸟巢！"我们的目光都被这惊呼声吸引了过去。原来在教室的一角还住着这么一位小精灵。"这是什么鸟？这些都是它的蛋吗？"校长介绍说："这是我们的吉祥鸟，它把这里当成了它的家。吉祥鸟一家有三口，待在家里的这只是宝宝，鸟妈妈和鸟爸爸出去了，这只吉祥鸟才出生22天。"其实这也许相当于我们的饲养角，只不过我们习惯于将这些小动物用笼子或类似于笼子的东西"圈养"起来，这样它们就不会乱跑。而在这里，由于小朋友、老师们细心的照顾和爱护，小鸟们和小朋友就像朋友一样和谐地生活在一起。

据导游介绍，像这样走进大自然、与动物友好相处的事情还有很多。芬兰人这种与大自然友好相处的意识很强，芬兰人从小就注重这种意识的培养。环保教育已经成为芬兰学前教育的重要组成部分，他们注重平时环保知识的教学和环保意识的培养。不仅如此，环保教育还被列入了芬兰基础学校的教学大纲，语文、数学等学科课程中都渗透有环保方面的知识。因此，芬兰儿童从小就受到不过度追求物质享受、不产生过多的垃圾等环保意识的熏陶和影响。环保意识从小抓起，终身受益。

北欧的教育认为：孩童时期最重要的是养成终身学习的能力和习惯，而非要赢在起跑线上。孩子上学也是为其终身的学习做准备，而非争得第一。因此，他们不会因为怕孩子受伤，而阻止两岁

▲ 老师带领小朋友走进大自然

的孩子使用剪刀；他们不会因为担心孩子生病而把孩子关在屋子里；更不会一窝蜂地强迫孩子去读双语班或特长班……他们会为孩子的发展提供选择和发展的空间，总是肯定、支持、重视孩子的自主选择。芬兰注重生存教育，他们认为只有从小培养儿童的生存意识、生存能力、生态意识等最基本的东西的教育，才是符合人性的教育，这样的教育才会是成功的。如果以此审视我们的教育，我们更需信任、尊重、沉静。

（李　燕）

我看到的以色列奇迹

《圣经》曾说以色列是一块“流着奶和蜜的土地”，但到了以色列恐怕就不会这样认为了。从自然环境来看，以色列给人更多的是绝望和无奈：一眼望去就是一片荒芜的土地，山丘上也许会长些零星的低矮灌木，但更多的地方寸草不生；既没有一望无际的碧绿草原，也没有连绵起伏的山川，有的要么是光秃秃的土坡，要么是没有生机的沙漠。

然而，以色列人却在这块贫瘠的土地上创造了奇迹，使荒凉、贫瘠和没有希望的土地变成了桑田。如今的以色列，只要是有人居住的地方就绿意盎然，全都是浓郁的树木和草地，昔日的沙漠早已变成瓜果飘香的美丽家园。以色列属于严重缺水国家，人均水资源仅约为290立方米。但就是在这样缺水的土地上，以色列创造出了举世闻名的“农业奇迹”，占全国劳动力5%的农业从业人员，提供了全国95%的所需食物。以色列还享有“欧洲果篮”之称，成为仅次于荷兰的世界第二大花卉出口国。2013年，以色列国民生产总值为2915亿美元，全球排名第37位。2014年人类发展指数高居世界第19名。以色列还是世界科技强国，目前为止产生了10位诺贝尔奖获得者。从这些数据看，以色列已经成为无可争辩的发达国家。以色列人之所以取得如此骄人的成绩，秘诀是什么呢？通过这次在以色列的实地考察和

以色列城市概貌

集中学习，我认为，秘诀在于他们的品质：坚韧、顽强、创新。

天天都是植树节

处于沙漠地带的以色列，处处绿树成荫、花团锦簇。足迹所至，每一座城市都称得上是名副其实的花园城市。当亲眼看见这一切时，我被深深地震撼了。以色列人是如何造就这个令世人惊叹的奇迹的呢？

中东被称为世界的“油库”，但以色列却是一块贫瘠的土地，甚至连人类生存最起码的水资源都缺乏。以色列人却拥有另外两样珍贵的东西，聪明的脑袋和坚毅的意志。以色列人早就认识到，如果他们不征服荒漠，荒漠就会吞没他们。从一定意义上说，以色列的建国史就是一部治理荒漠的历史。

如今的以色列之所以能成为沙漠中的绿洲，持续多年的植树造林功不可没。每年初春的“植树节”是以色列人向树木表达真诚谢意的大好时机。人们在喝酒聚餐之时，以吟诗、诵经或歌唱的方式高声赞美上苍和大自然，也感谢树木对以色列的“福佑”，使其富足康乐、百年不衰。这一天，以色列的学校通常会放假一天植树，此后，孩子们还会给树木除虫、施肥、浇水，甚至张开双臂拥抱亲吻路边或公园里的大树，以示感恩之情。实际上这一天以色列人不分男女老少几乎人人都在植树，以植树这种方式来报答树木所做出的贡献。艺术家们纷纷登台演出为树木评功摆好，歌舞的主题多是“颂树”或“谢树”。其实，早在以色列在这片土地上立国之前，有个犹太人的民间组织就在世界各地犹太人的资助下，开始在这里大规模地植树了。他们一小片一小片地买土地，一棵一棵地植树，日复一日、年复一年。他们只管埋头植树，全然不理会这片土地上频频发生的宗教或意识形态冲突。他们认为，政权可以更迭，甚至他们也可能被武力逐出这片土地，但树木是上苍下派到人间的“绿色天使”，和人类同是大地的主人——既然树木为人类做出了如此无私的奉献，那么人类理应做出回报：帮助其繁衍不断、生生不息。在以色列天天都是植树节：阳光明媚的初春植树，寒风呼啸的冬日也植树；结婚时植树，离异时也植树；出生时植物，下葬时也植树；上学第一天植树，毕业典礼也植树；安居乐业时植树，战火纷飞时也植树；百姓们为爱国植树，政客们为亲民也植树；本土人为美化家园植树，连前来定居或即将离去的移民按照相关法规也在植树。以色列人为植树，可以忘却隆隆炮火，可以忘却饥饿干渴，可以忘却异国人的讥笑嘲讽。在以色列，只准种植，不准随意砍伐。对以色列人而言，植树不仅仅是一种美好的“习俗”或“理念”，而且还是他们的价值观和生活方式的一部分。他们植树，植下了梦想和希冀；他们植树，彰显的是他们的拳拳爱国心；他们植树，犹如制枪造炮，对付的敌人是险恶的生活环境，为的是保卫自己的家园免遭越来越强悍的沙漠蚕食。其情其景，就像古代中国人一代接一代地修筑、加固长城以抵御外敌侵袭一样。

数十年来，以色列的植树造林活动，一直受到法律的保护。无论是成片造林，还是家庭门前屋后零星种树，依法都只许种不许砍，哪怕是砍伐私有树林也要经过批准，否则就要受到重罚。这也就是为何以色列是全世界为数不多的几个森林覆盖率高于百年前的国家。

目前，以色列的森林覆盖率达5%—6%，这在沙漠国家是难能可贵的。以色列人世世代代、经年累月地植树造林，涵养了宝贵的水源，硬是在这片荒漠中孕育出了一片绿洲。

超越极限的滴灌节水系统

无论是在现代的特拉维夫，还是在古老的耶路撒冷，无论是基布兹还是街心公园，无论是居民的庭院还是路边的绿地，只要有植物，就能看见由计算机精确控制的滴灌系统。在我们驱车赶往耶路撒冷的

以色列的滴灌节水系统

途中，放眼望去，你会发现四周都是茫茫沙漠，但与别处不同的是，每隔几百米就有一个蓝色的小铁丝网，里边有一个水龙头。

再往前，一个个塑料种植大棚多起来了，不久见到了村庄，绿树茂密、鲜花明丽，但一看它们根部，仍然是漫漫黄沙。出于好奇，我们停车，钻进了一个塑料棚，满眼是一垄垄鲜红的小西红柿，叫作樱桃西红柿。主人见到来了客人，连忙摘下一把往我们嘴里送。细细品尝，是那么香甜可口，不禁啧啧赞叹。在主人的引领下，我们蹲下身来看他们种植的秘密。原来地下仍然是沙，只不过有一根长长的水管沿根通过，每隔一段就有一个滴水的喷口，清水、肥料、营养液一滴不浪费地直输给每棵植物。“全部电脑控制，人要做的事只有一件：坐着轨道车采摘！”主人的口气很骄傲。

据了解，传统的灌溉方式，水资源利用率只有15%，而以色列人却把滴灌技术用到了极致，特别是地下滴灌技术把水资源利用率提高到95%。此外，以色列的养殖业也十分发达。他们利用水循环网箱技术进行水产养殖，采用鸡舍通风技术发展起了禽类养殖业。更令人惊叹的是，没有一块天然牧场的以色列居然高居世界奶牛平均产奶量第一，一头以色列奶牛年均产奶量高达1.2万升。以色列人甚至在沙漠中培育出了水稻，为世界所称道。你不得不由衷地叹服：“这里没有什么是不能种植的。”以色列前总统魏茨曼说过：“给以色列民族一碗水、一颗种子，这个民族就能生存。”土地贫瘠、严重缺水，以色列人却用无与伦比的智慧创造出了举世闻名的“农业奇迹”，农产品不仅可以自足，而且还能大量远销欧美。以色列如今享有“欧洲果篮”“欧洲冬季厨房”之盛誉。

穿梭于以色列的城镇大道与乡村小路，我真正领略了以色列引以为傲的滴灌技术。我们在基布兹参观时看到的非洲大榕树，以为有上百年历史，巨大的树身两个人牵手才能围起来，而树前插着的介绍牌表明它只有28岁。植物丛林和实验田里到处是密密麻麻的塑料管子，这里没有黑泥土，植物根部周围只有大大小小的颗粒状沙石，听说这是从远处运来的火山岩。因为沙漠中、山里的水供应量非常有限，所以方圆数公里的一切农田、花园、植物园包括居民自种的小花园的地下与地上都铺满了密密麻麻的滴水塑料橡皮管子。开始我并不相信这是事实，在此后的以色列旅程中，我非常留意每一个城市与农场，看到花草树木我就去看它的根部，看到大批庄稼就跑到田地去观察，从公园跑到街头，连普通居民庭院都不放过。仔细观察后，我真正服了以色列人，几乎所有绿化地带都采用滴灌技术。就好像以色列国土是个人，大地是身体，身体里布满了密密麻麻的血管。

在特拉维夫，我看到街道上的一棵小树，树根被形似大南瓜的铁皮桶裹着，铁桶则用三根铁丝悬挂在离地一尺高的空中，桶下有洞眼漏水，人们不时将水注入桶中，小树就靠吸收水中的养分茁壮成长。看着这些小树给街道和行人带来葱翠的绿意，我想起中国的愚公移山精神。以色列人究竟花了多少年、多少钱来做绿化？这些塑料橡皮管子如果连接起来能绕地球多少圈？

▲ 特拉维夫街头长在铁皮桶里的树

美国大作家马克·吐温曾说这里是荒凉、贫瘠和没有希望的土地。的确，以色列超过2/3的土地属于干旱或半干旱地区，矿产资源贫乏，淡水资源奇缺。随着人口的增长和经济的发展，以色列人的生存环境面临着更为严峻的挑战。水，是以色列人赖以生存的命脉，对水资源的环境保护及开发利用是以色列的基本国策之一。为做好水的文章、解决好水的问题，以色列采取了一系列开源节流的措施。半个世纪前，以色列便制定了《水法》，根据这一法律，全国一切水资源归国家所有，任何单位和个人均不得擅自开采。接着，以色列又先后颁布了《水井法》《河溪法》等一系列与水源有关的法律法规，节约与合理用水是贯穿其中的主线。在这里水资源实行有偿使用，费用视水量和水质情况收取，生活用水、农业用水和工业用水实行不同的收费标准。对于荒漠治理、农业开发以及出口农产品等用水，实行低价的优惠政策。政府严格控制开采地下水，除了生活用水外，一般不允许开采地下水。即使农业用水短缺，也只能在雨季才允许使用地下水。政府还大力在全民中营造节水气氛，不断通过报刊、电视等媒体宣传“水贵如油”，提醒人们善待水源，养成良好的节水习惯。节水理念扎根于每一个以色列人心中。以色列人也在不断努力的过程中创造了他们新的“信仰”：接受缺水的事实，创造用水的奇迹。节水行动已渗透到每一个老百姓的生活之中。这里每家每户的淋浴房里，都有一个政府免费发放的沙漏，用来在淋浴时进行计时，不能超过4分钟。要是在中国，每个人都把淋浴时间节省到4分钟，那节省下来的水，该可以汇集成一片多么宽广的海洋。走进以色列的任何一个家庭，绝看不到水龙头“长流水”现象。这里一般人家用完了水，不会很快倒掉，而是循环使用。比如剩下的饮用水，会用来洗车、浇花草，或者储存起来，等着废水回收和再利用。极度缺乏水资源的以色列人把每一滴水的作用几乎发挥到了极限。节水在以色列甚至已成为一种大众文化。

海水淡化

夏季来临，让以色列人忧心忡忡的，除了暴力冲突，还有水危机。以色列人认为，解决水危机不能靠天、靠别国，以色列生存的未来只能靠大海，靠淡化海水来实现彻底“解渴”。

的确，从地图上看，一个有趣的现象是，虽然以色列国土面积不大，但其境内分布着不同浓度的咸水资源。盐度最高的是死海海水，是一般海水浓度的近十倍。其次是海水，并且南部埃拉特所在的红海海水盐度又高于西部的地中海海水。还有以色列南部阿亚拉山谷的地下微咸水。

水资源缺乏而且咸水比例较大的自然状况，促使以色列加大了对非常规水源的利用，并在这方面走在了世界前列，对咸水和海水以不同方式利用的研究一直就没有停止过。虽然在工业和农业方面利用海水和咸水已经取得了很大成就，但以色列水资源委员会认为解决以色列乃至整个中东地区水资源问题的根本出路只能靠淡化海水。所以，自20世纪60年代起以色列的科技人员就一直致力于咸水淡化技术的研究，淡水实际生产量也逐年增加。尤其最近几年，由于技术成熟和成本降低，淡水生产量增长非常快。

其实，根据有关资料，以色列建国后不久就开始研究如何将海水淡化，这项技术一直处于领先地位，但过去以技术出口创汇为主，近年来遭严重干旱才开始大规模建海水淡化厂。以色列投资600万美元，在尼扎纳建立了年产淡水280万吨的海水淡化厂。根据“2020年水经济长远规划”，以色列将每两年半建一座年产淡水5000万吨的海水淡化厂，届时年产淡水4亿吨。远期规划要建20个厂，年产淡水10亿吨。

以色列大规模建海水淡化厂的时间比其他海湾国家晚，但使用的却是世界最新技术。目前，以色列主要发展的反向渗透膜技术，是将海水加压，经细密的分子薄膜过滤，将盐类、糖类、氨基酸等有害物质去掉，成本可降到每吨0.4美元，已广泛用于海水和污水处理。正在试验的纳米滤膜技术，有望使成本降到每吨仅0.1美元。如果成功，人类或许能依靠淡化海水实现彻底“解渴”。与一般的海水淡化标准不同，以色列水资源委员会要求淡化所生产的水必须高于饮用水的标准，可见其对海水淡化的重视程度。

植树造林百年不懈！滴灌技术非常成熟！节水理念深入人心！正是以色列人不畏艰难，勇于探索创新，才使不可能成为可能。这个古老的犹太民族用无与伦比的智慧与毅力终于将这片贫瘠的沙漠改造成美丽富饶的绿洲，创造了一个不可思议的奇迹！

基布兹

我们从耶路撒冷出发，沿着1号国道向东行驶，穿过高低起伏的沙丘和峻峭戈壁，便到了不适合生物存活的死海。沿着海岸线继续南行，眼前的风景忽然一亮，成片的椰枣林和橄榄树出现了，让人不敢相信我们居然是在盐碱地区。这些浓烈的绿色标志着我们进入了著名的集体公社——基布兹。1909年，以色列第一个基布兹在戴哥尼亚成立。我们参观的是一个中型基布兹，位于沙漠与死海边，只有300多个正式社员，其余500多人是雇佣人员。在经过了近3个小时的路程后，我们兴冲冲走进基布兹的接待室。友善的向导彼得留着络腮胡子，他介绍说基布兹创办时完全是准军事组织化生活，没有工资报酬。人们初到时这里的生存环境差得不能再差，年降雨量极少，唯一的水源是山里的泉水。所以，他们非常珍惜这些宝贵的水，与以色列

▲基布兹一角

大学共同开发了先进的滴水灌溉系统。

彼得说，任何以色列公民都可以参加公社，有负责人会面试你，问你加入的理由等。在公社最初两年是考察期，然后大家会评定你是否合格。在基布兹内部，“人人平等”的概念深入人心。社员们共同工作、用餐、娱乐，过着自给自足的生活，社区提供他们住房、饮食、医疗福利等。基布兹社员外出打工，收入也归基布兹所有。社员要离开基布兹，就必须放弃所有东西——住房、车辆以及衣服、家具等所有物品。“这是一种规定，谁都无法违反。”

吃饭，在以色列是件费用昂贵的事，同样的食品大约是无锡的5倍。我们在基布兹食堂吃午餐，作为访客付现钞，费用比无锡贵1倍。中午饭是在久违了的大食堂吃的，每人一张饭票，鱼肉类可选一种，蔬菜、水果、主食随便吃。食堂的食物品种繁多，蔬菜、水果都是无公害的，餐后的甜食也很丰富。

基布兹社员家里一般没有厨房，大家都在集体食堂就餐。社员刷卡吃饭，一般采取自助的方式，各人自己挑选食物，然后端到桌上与家人或朋友一起吃。食堂里除专职炊事员外，全体社员都要轮流到食堂帮工。

饭后我们参观社员居住的二层小别墅。住房很漂亮、很舒适，面积100多平方米。社员住房由基布兹统一提供。每户都有一套舒适的住房，包括客厅、卧室、卫生间等。房里的一切，从灯泡到电视机、家具等，一切全由基布兹提供。

基布兹还将创意性的生态农业作为自己的标志性景观，吸引游客，发展旅游。在情趣盎然的植物园里，建有200多个度假小屋。小屋分为三个等级，都是平层小房，开门即是花园。普通的房间已经相当舒适，里面配有浴缸、电视、冰箱和咖啡区；稍微高级一点的在装修上更有情调，装饰着当地艺术家的画作；迷你套间则更加高雅和富有浪漫气息。

公社教育非常全面、出色，社员学历都很高，有不少科技人才。社员不仅搞高科技农业，也搞其他产业，如计算机软件产业、镜片制造、植物滴水技术转让、外贸及旅游业。基布兹培养出的孩子奉献精神特别强，据说以色列空军是世界上十分精锐的部队，挑选极为严格，入选非常不容易，而70%的飞行员来自公社学生。以色列的许多精英人士也都来自基布兹，包括以色列“建国之父”戴维·本-古里安等四位政府总理。公社创办时政府是贴钱的，现在他们向政府交税钱，半个世纪来，公社发展规模与积累的财富足够他们过上非常富裕的生活。这里的一切财产属于公社，也属于大家。我们参观了公社的医院、学校、体育场馆、剧场、俱乐部、游泳池，还观赏了高中生的舞蹈排演。彼得说他们公社有个很有名气的

基布兹自产的瓜果

舞蹈训练班，附近公社都派学员来深造，而且公社之间经常开研讨会、音乐会、展览会、考古与环境研讨会等。

基布兹人口占以色列总人口的比例不足3%，但他们的农业产量却占以色列全国总量的40%还多。农业上的精耕细作和工业上的高超先进技术，使得这些公社确实成为促进以色列经济发展的实验室。采用高科技的基布兹成功的例子很多，如特佐拉基布兹采用高科技养牛取得巨大成绩。公社依靠先进技术繁育的“哈尔斯坦”高产奶牛，平均一日三产，每头奶牛比普通奶牛每天多产奶约30升。奶牛的营养来自统一研制开发的混合饲料，由计算机控制的喂食系统喂养，并用小型检测器阅读追踪每头牛的家谱、产奶量和品质、营养史、发情周期等方面的信息，根据详尽的数据进行管理。20世纪70年代，基布兹非常辉煌，但今天的基布兹与过去不同，其成功之处在于对“梦想子孙”——儿童的培养。让新犹太人出生在这片土地上，年轻人在这幅山明水秀、阳光灿烂的风景中怡然自得地生活着，没有纷争，不再过他们父辈流离失所的生活。

在以色列建国初期和战争年代，基布兹为保卫国家、发展生产做出了重要贡献。但是随着以色列社会迅速向经济私有化和自由化过渡，原来的集体生产方式难以适应资本主义私有化的自由竞争和由此给社会带来的一系列变化。基布兹内部最大的难题是：很少有人愿意担任最高领导人。最高领导人的收入和福利等与其他基布兹社员差不多，而且是透明的，没有所谓政策要求而内外有别。第二个难题是：人才难回。基布兹年轻的社员在外面大学毕业后，不愿意回到“生我养我”的基布兹去“各尽所能，按需分配”。如今在外部环境及私有制的冲击下，公社有了松动与改革，年轻人要求改革供给制度，增加私有空间，使公社变得更人性化。基布兹的内部凝聚力开始下降，这种形式似乎走到了一个无奈的历史十字路口。在挑战面前，以色列社会也在反思。世界上没有绝对的平等，以前基布兹的孩子都由幼儿园集体抚养，现在则早已回归家庭，而且基布兹房屋也开始私有化，田地也逐渐“包产到户”。

现在以色列许多公社都建在了旅游景点，并提供一流的饭店服务，同时还组织果实采摘、参观农场、骑马、开拖拉机以及参观果酱工厂、橄榄油压榨厂和酒窖等活动。公社吸引游客的法宝不仅有令人叹为观止的植物园，还有死海地区最好的餐厅，以及一流的游泳池和水疗馆，游客们可以一边欣赏死海和沙漠交相辉映的美景，一边享受按摩服务。另外，公社还为住在这里的客人提供摆渡车服务，方便游客在周围参观。此外，公社还提供瑜伽课程，组织游客在沙漠里开吉普车观光等。

总的来说，彼得觉得基布兹非常好，“就像生活在一个大家庭里”，但他的子女中同样有大学毕业不愿回公社的。

以色列对学校资源开发的启示

对于学校教育来说，一个个班级、各种学校社团都是与基布兹有着类似特点的共同生活组织。班级、社团建设也可以加大创新力度。

目前，我们正在开展江苏省规划立项课题“学校共同生活中积极情感教育的研究”，我们从班级、社团建设改革实践入手，倡导“把班级、社团还给学生，让学生组织充满积极成长的气息”。在这个过程中，一方面，要形成具有积极情感的集体氛围。我们可以在尊重学生的人格、选择自由与独立意识的基础上形成真正的“共同目标”与“和谐沟通”，产生真正的“团体动力”和“积极班级”。另一方面，要形成具有积极情感的集体交流。真正的集体教育是教师与学生一起，以共同生活为中介，教师要把学生看成共同生活的资源的重要生成者，有了这种“活资源”的意识，教师才会努力且自觉地研究学生、倾听学生、发现学生，才会把学生的班级活动不当作是一种对教师的配合，而是作为积极参与共同生活的不可缺少的重要组成部分，才会把学生当作班级共同生活的创造者。

以兴趣为主导，积极开展集体活动。我们应该从学生自己的兴趣、爱好出发，结合学生学习、生活的实际情况，设计出可供学生自愿选择的集体活动项目。广泛、持续的集体活动，可以为广大学生提供参与社会实践的广阔舞台，能更多地让学生参与德育实践，在实践中进行积极情感体验，使自身的价值得到体现，获得他人的认可。

乘着飞机离开以色列，我透过机窗遥望大地，小小的以色列在一片蓝海中分外显眼。以色列人在这块狭长的土地上艰难建国却又蓬勃发展，历史悠久却又那么年轻。以色列的确是一块“流着奶和蜜的土地”。

（过　骏）

考 | 察 | 小 | 议

我们没有坏天气

在芬兰的一所幼儿园，我们在一个楼梯角落里发现挂满了五颜六色的小雨披。

幼儿园里五颜六色的小雨披

“这是下雨天放学穿的，是吗？”我不经意地问了一句。

“不，不，不。”旁边的一位老师迫不及待地为我解释道，“这是为学生在雨雪天外出活动准备的。”

“你们北欧冬天这么冷，还让孩子出去活动？”我不禁疑惑道。紧接着我的话，她两手一摊，来了个典型的欧式耸肩：“我们没有坏天气。”

“没有坏天气”，这背后是一种教育理念，更是一种生活态度。

尽管我们很认同甚至很羡慕这样的理念，但心中还是不免要思忖：家长们会反对吗？出了安全事故怎么办？——不过，我们知道，想是可以的，开口问是不宜的。几次出国的经历告诉我们，这是典型的“中国式思维”下的“中国式问题”。

这所幼儿园大门外就是一条不是很宽的马路。下午三点左右，在上车的时候，我们看到两位老师正带领着几个孩子穿过马路，看

孩子们穿的反光安全背心

样子是到校外参加户外活动去。很显眼的是，每个孩子身上都穿着一件在国内只有交警才穿的反光安全背心。

那时，我又联想到刚才在他们的教室里看到墙上张贴的老师带着孩子在小河边钓鱼的照片。在照片上，每个孩子都穿上了救生衣。

这雨衣和安全背心、救生衣的背后，应该也有许多值得我们咂摸的东西，比如，我们总是反复强调的“安全第一”与我们总是向往的“走出学校去上课”如何并行不悖。

（邱华国）

第5章

教育即生活

在这里，我真真切切地触摸到了杜威先生的“教育即生活”的脉动，也寻找到了对陶行知先生的“生活即教育”的最好诠释，我似乎还看到了苏霍姆林斯基在帕夫雷什中学开展的教育实践探索的“再版”。这是一所具有独特味道的学校，一所看似粗糙，实质精致，极富有内涵和品质的学校，一所真实、务实的学校。

作为一名基层学校管理者，我们应清醒地意识到，我们当前的教育距离真正的“回归”还有很长一段路要走，在前行的路程中，我们需要做积极的践行者，从自己做起，从当下开始!

◀ ▲ 学校中的养殖园

“教育即生活”是美国教育家杜威的一个重要观点。杜威认为，“学校是社会生活的一种形式，教育是生活的过程”，他主张每个学校成为一个“雏形的社会”，最好的教育就是“从生活中学习”“从经验中学习”。一百多年前的这一观点，对今天我们国家的教育而言，同样具有一定的现实意义。

以色列之行，给我留下深刻印象的莫过于一所大型的基布兹学校了。相对于以色列的国土面积、人口数量而言，这所学校的规模可谓非比寻常：3000亩土地，5000名学生，涵盖着从幼儿园到高中整整12个年级（2所高中，1所中学，6所小学，20所幼儿园）。与以色列其他学校相比，这绝对是一所超级大规模学校，“航空母舰”般的大学校。但吸引我的不是这些令人咋舌的数字，这样规模的学校在我们国内其实不算什么，这所学校真正吸引我的是它所拥有的独特味道——在这里，学校即农庄，农庄即学校；在这里，教育即生活，生活即教育！在这里，我真真切切地触摸到了“教育即生活”的脉动。

校园中的养殖园

行走在校园中，不时能碰到一两只鸡从你身旁悠闲地走过，甚至偶尔还能听见它打鸣的声音，这样的场景你碰到过吗？在基布兹的学校，我们就亲眼看见了这样的场景。这所学校有一个建在校园

▲▼ 孩子们在沙池中玩耍

中间的养殖园，有些动物是圈养起来的，例如羚羊、麋鹿等，还有一些动物是散养在校园中的，例如鸡、孔雀等。我们的参观团队一行有十多人，看见此情此景，纷纷想走近一些拍照。令人称奇的是这些动物并不怕陌生人，继续自顾自地在校园中漫步，俨然已是校园主人，看来这些小动物是长期与人和谐共处惯了。

在以色列的一所小学，我还偶然间捕捉到了这样的场景——好多孩子在沙地兴致勃勃地玩沙，一只小兔子悄悄地来到了孩子们身旁，其中一个男孩子显然是有备而来，用准备好的食物开心地逗弄着小兔子。由于语言不通，我无法更多地去了解这只小兔子怎么会出现在这里，但男孩与小兔子亲密互动的温馨一幕却久久地定格在我的脑海中。

我原任职的学校是一所老校。前几年，在学校改造过程中，我们因地制宜设计建设了一条小溪。令我们大感意外的是，这里，居然成为孩子们最喜欢的校园场所。课间时分，孩子们都会在小溪边流连：春天，孩子们与溪中的小鱼嬉戏；夏天，孩子们迷上了溪中的蝌蚪；秋天，孩子们兴致勃勃地打捞着溪中的落叶；冬天，溪水结冰，成为孩子们的玩具，胆大的孩子在溪中练起了溜冰。可以说，一条小溪给孩子们的校园生活带来了很多的欢乐，小溪也常常成为孩子们笔下生动的素材。受此启发，在学校后来的改建过程中，我也十分注重倾听孩子们的想法，努力建设一个富有生活情趣的校园。基于孩子们的需求，我们在操场边修建了轮滑跑道，开辟了种植园……其实在校园改造过程中，我一直有一个梦想，那就是和以色列的这所学校一样，在校园中建设一个养殖园，让孩子们有机会能在校园中与小动物们亲密接触。但当时很多同事表示反对，认为这与“洁、净、美”的校园环境评价标准是背道而驰的。

▲ 教室中的“苹果”“蜜蜂”元素

◀ “小蜜蜂、小苹果”说唱活动

▼ 孩子们给小蜜蜂涂色

由导游的话想到的

“孩子需要的不是井井有条、干干净净，而是有趣、好玩。”陪同我们参观的一位以色列导游如是说。“不识庐山真面目，只缘身在此山中。”这位导游虽不是教育工作者，但作为一位局外人，作为一个孩子的母亲，她的话却恰恰道出了其中的真谛，令我豁然开朗。

杜威在《什么是学校》中指出：“学校必须呈现现在的生活——即对于儿童说来是真实而生气勃勃的生活。像他们在家庭里、在邻里间、在运动场上所经历的生活那样。不通过各种生活形式或者不通过那些本身就值得生活的生活形式来实现的教育，对于真正的现实总是贫乏的代替物，结果形成呆板而死气沉沉的局面。”

随着时代的发展，近些年，中国的校园环境建设愈来愈“高、大、上”了，喷泉、假山、草坪、花坛，一丝不苟，精致美观。但这样的校园是孩子们真正喜欢的校园吗？这样的校园真正留给孩子们的活动空间又有多少？我们不得不反思：校园建设，我们更多地应尊重谁的需求？以成人的眼光来打造还是应该基于孩子的视角？怎样的校园环境更适合孩子们在此间自由自在地生长？

我想，从以色列的学校环境建设中我们或许可以得到一些启示。参观的几所以色列学校，不论是幼儿园、小学还是中学，在校园环境建设方面看似都比较随意，布置十分原生态，看不见修剪整齐的花坛、草坪以及精致的喷泉、假山、凉亭等，更多的是沙地等，但随处可见的是童趣盎然的各式座椅（木椅、石椅），包括在我们校园因为安全因素而拒之千里的秋千，供师生随时随地歇息。在这样的校园中，孩子们可以像风一样尽情地奔跑、嬉戏，自由自在地体验童年时代本该有的快乐。

校园，真正的主角是孩子；校园，本应属于孩子们！我想，这一点毋庸置疑！看似粗糙，实质精致，崇尚回归自然、生活的校园，才是真正属于孩子们的成长乐园！

是学校，还是农庄？

热情的接待

在以色列一所学校的狭小会议室（估计是校长办公室）里，我们挨挨挤挤地坐下，校长开始了娓娓讲述，虽然语言不通，但透过校长的言谈神情，足可以看出这是一个热情开朗、对教育事业极其热爱的可爱老头儿。我们了解到，这所学校于1950年创建，创办者是一位退役的海军将领，创建之初接收的学生都是大屠杀幸存者。学校设立在一个青年农庄内，建校之初校长就提出了学校教育要与农业生产、生活紧密结合，这一理念持续至今。会议室旁的走廊是这所学校的荣誉墙，上面陈列着这所学校的奖牌、奖杯等，包括各个年代的师生活动照片、各类报道等。校长自豪地向我们介绍，会议室里这些招待我们的瓜果就是他们学校农业基地自产自销的产品，是孩子们的劳动成果。

乘着“大篷车”参观校园

乘着“大篷车”参观校园？是的，你没听错！跟着校长步行参观了学校的一幢教学楼、一个艺术活动中心之后，我们惊讶地发现一辆农用车改装成的“大篷车”。原以为这只是一个摆设，没想到校长和学校的一位老师（兼驾驶员）热情地招呼我们上车，在轰隆隆的马达声中，我们就此开始了这趟神奇的校园之旅。虽是改装车，但车速一点也不慢，车窗外广袤的农田在我们眼前一一掠过，我们能远远地望见大片的西瓜地，看来正值西瓜丰收时节。一路的欢声笑语中，“大篷车”带着我们在学校众多的农业实践基地中穿行而过，这里不仅有奶牛场、养鸡场、养马场，还有一个马术基地，甚至还有一个马戏团。在这里，农庄即学校，学校即农庄。这里简直就是一个“雏形”社会，此言一点也不为过。遗憾的是，由于行程较紧，我们无法进入这些实践基地亲身体验一番、一探究竟。

学校各个年代师生生活的照片

与两位学生代表的交流

整个参观过程中，有两个学生代表与校长一起，陪同我们一路参观，我也得以近距离地和孩子们进行一些简单的交流，大概了解学生在学校的学习生活情况。在这所学校，学生除了在课堂学习之外，还会在各个农业实践基地学习，这种学习不是一两次的体验性学习，而是实打实地参

乘着“大篷车”参观校园

与其间，经历多种生活课程的历练，如校园除草、种田、养牛、养鸡等。孩子们也自豪地向我们介绍，自己的学校是以色列最好的学校，可以培养以色列未来领导人的。学校涵盖各个学段，因此学校充分利用这一优势，给学生各种平台，让孩子充分实践体验，从而选择自己适合的发展方向。例如，这两个学生尚处在中学阶段，但目前已经初步确立了自己高中阶段的学习发展方向，在完成中学的正常学习之余，已经开始逐步涉猎专业方面的课程。交流中，孩子们也谈到了一个观点，学校注重让每一个学生都参与实践课程的学习。这一做法不仅仅在于培养学生这方面的技能，更重要的是要让每一个学生（包括未来领导人）明白，每件事都很重要。这不就是我们中国俗话所说的“一屋不扫，何以扫天下”？

走进课堂

在这所学校参观的过程中，在校长的带领下，我们走进了幼儿园课堂，也分别走进了小学、中学的课堂，因为脚步匆匆再加上语言不通，无法对以色列的课堂进行全面、准确的解读，权当窥一斑而知全豹吧。

幼儿园的迎新课程

据了解，每年的九月，以色列有几个重要的节日，其中包括犹太新年。以色列有个重要的新年习俗是苹果蘸了蜜吃。我们参观访问的这所幼儿园并不大，设施相对也比较简陋，但布置得很温馨。因为正好赶上了犹太新年，所以“苹果、蜜蜂”等新年元素被充分体现在教室环境的布置上，也与课程内容的安排紧密结合。在老师的有序组织下，一部分孩子在室内愉快地开展“小蜜蜂、小苹果”的说唱活动，另一部分孩子则在室外安静地给“小蜜蜂”涂色。说实话，我对幼儿教育并不了解，但“教育即生活，生活即教育”的理念是相通的。对于一个民族、一个国家而言，文化的传承不是一句空话，需要学校、家庭、社会的共同推动。对于孩子来说，潜移默化的文化熏陶十分必要。

小学：美术课还是语言课？

在这所学校的小学听的这节课，是我从教以来听的最感迷茫的一节课。当然，语言不通是一个重要因素，一开始我自以为是地判断这是一节美术课，因为孩子们的课桌上都摆满了各色画笔，画本上也画满了各色图案。然而翻译的解读让我大跌眼镜。原来，这是一节语言课。老师在设计上将其和美术教学有机整合，让孩子们通过画图来学习语言。我们发现，这样的语言教学很生动，孩子们都很积极，纷纷向我们展示自己的作品。美术课还是语言课？带着疑惑，我连连拍摄了好几个孩子的作品，决定带回来好好研

孩子们的画笔

究一番。其实，更值得反思研究的是我们的课堂，那些让我们一目了然的国内课堂。在国内，虽然我们早已提出“课程整合”的思想与理念，但往往只停留在表面，只是偶尔地在一些公开课中“秀一秀”，学科间仍是各自为政、相互割裂，可谓泾渭分明，决不会出现让听课者感到“迷茫”的情况。我们要培养的是一个完整的人，我想，真正的教育绝不是割裂式的，而应是弥漫性的。期待在国内的课堂，我也能找到这种“迷茫”的感觉。

语言课上孩子们的作品

中学课堂上的随机采访

在这位校长的带领下，我们走进了中学的一间教室。印象中，那好像是一个天才少年班，招收来自各个学校的孩子。校长看起来和孩子们很熟悉，亲切、热情地与孩子们打招呼，甚至还能直呼其中一些孩子的姓名。或许是年龄的缘故吧，孩子们对外来的这些访问者十分好奇，因而授课教师临时终止了课程，让孩子们与我们开展了互动交流。交流的内容具体我已经记不大清楚，只记得我们同行的有位校长请孩子们说说自己对这所学校的印象，其中一个孩子的话语我郑重地记在了记事本上，同时也牢牢印在了自己的心坎里。孩子说：在这所学校就像植物生长一样，充满生气。相信，这个孩子的话语令我们那天所有的访问者都着实心中为之一振吧？孩子们的心灵是最纯净的，质朴的语言却向我们很好地诠释了何为学校、何为教育。是的，只有更多地尊重儿童的需求，顺应儿童的身心发展规律，这样的教育才能直抵人心。

学有所思

回忆我的小学生活

我常常会不由自主地回忆自己的童年时代，因为那段生活对我而言，美好而难忘。我是在一所山顶小学度过我的小学生涯的。在我的记忆深处，虽然当时的办学条件比较差，校舍陈旧破烂，没有操场，甚至校园都没有围墙，但它却在我的童年时代留下了深刻的印记，让我虽人到中年却至今还深深怀念着它：通往母校的一条山路是我每天与同伴的竞赛场，教室门前的一片泥土地是我们课后嬉戏的绝佳场所，而山后的杨梅树、梨树等更是给我留下了深深的学校的味道。而今，我们的学生，在宽敞明亮的教室里，坐在舒适的桌凳上，使用着现代化的教育手段，每天除了固有的活动时间之外，很少能走出教室随心所欲地跑啊、跳啊。20年之后、30年之后，他们也会像我们这一代一样对母校、对校园生活怀有深深的爱恋之情吗？

给孩子一百种经历

社会的进步、时代的发展，给少年儿童的成长和我们的教育带来了前所未有的挑战。在日常生活中，在家长和教师的口中，我们时常听到这样的抱怨：现在的孩子没有责任心，自私、懒惰、吃不了苦、不懂感恩……人们都在不停地追问：生活条件这么优越，孩子却怎么越来越难管了？今天的孩子到底怎么了？据各方面信息资料反映，当下我国少年儿童成长中的确存在着诸多问题，如精神生活贫乏、自我中心、缺乏主动应对环境和自主选择的能力、心理脆弱、缺乏创造性和责任意识等。作为教育工作者，我们清楚地认识到，产生这些问题的根源不在于我们的孩子，而恰恰在于家庭教育和学校教育的“双重迷失”。

1.家庭教育的失误：迷失了爱的方向

有人总结说，当前中国家长对孩子的教养有“四过”：身体上过分营养，生活上过分照顾，感情上过分宠爱，教育上过高期望。的确，目前在读的小学生绝大多数都是独生子女，家长在孩子的教育上迷失了爱的方向。一方面，家长在物质生活上对孩子是全方位满足，百依百顺，助长了一批以自我为中心的“小皇帝”“小公主”；另一方面，家长在孩子的精神成长、心灵需求这方面，了解和关注甚少。在“安全第一、学习为重”这一思想的主导下，家长粗暴地侵占了孩子除学习书本知识外的大量时间和空间，孩子能做会做的事、该做想做的事，家长都包揽下来，剥夺了孩子本应有的童年生活权利。这三个“过分”和一个“过高”构成了一种奇特的矛盾，使当代孩子的独立生活能力和社会适应能力愈来愈差，孩子的精神压力愈来愈大，孩子的各种问题愈来愈多。

2.学校教育的失误：迷失了教育的本真

受应试教育思想的束缚和急功近利思想的影响，我们的学校教育存在着功利性强以及追求表面化、形式化的现象。学校教育过于关注学生的学业成绩，习惯于从教育者的要求出发实施教育，关注学生表面的行为规范、表面的循规蹈矩，忽视学生的为心世界和心灵成长，因而教育实效性较差。此外，现有的学校课程结构中，各学科之间相互割裂、各自为政、缺少整合，使具有完整生命表现和统一心理结构的儿童被人为“肢解”，导致有些孩子出现双重人格、心理扭曲，影响学生身心素质的发展和健全人格的形成。学校因种种困难，把学生圈养在学校，过度占有了孩子自由活动的时间，使孩子亲身经历的事情越来越少，难怪教育专家说“如今的孩子不缺知识，缺的是生活经历”。

社会是育人的大学校，是学生学习的大课堂，只有与社会生活、与儿童需求紧密融合，教育才能真正焕发出生命活力。基于此，2006年，我提出了“给孩子一百种经历”的办学理念，并展开了积极的探索实践。“给孩子一百种经历”是指在奠定人生重要基础的小学六年的生活中，为学生尽可能地创造较为丰富的有价值的经历机会，学生在经历中学习成长的同时，也真正拥有一个丰富完整的童年生活。百种经历，有的是学校精心组织的，有的是家校协同特意安排的，有的是由学生自己选择的，有的则是生活中不期而遇的……但都被纳入教育视野，并赋予其对于学生精神成长的意义。

我们认为，人的精神成长和素质的形成，不是教出来的，而是在与丰富的周围世界对话中以及在共同生活的经历中形成的。学校作为一种社会生活，蕴含着经历各种生活的可能性。我们必须从儿童的立场和视角出发，充分挖掘学校生活中可能为学生提供的各种共同生活经历，并给予积极的价值引领。一百种经历，表达着孩子们的一百种需求，也表达着教育者对孩子们一百种乐观的期待。在理念的引领下，丰富多彩的经历活动在校园中精彩上演，给孩子们的校园生活增添了无限的生机和活力。希望这些经历，不仅对学生当下的成长产生积极作用，而且对学生未来的发展具有积极和深刻的影响，乃至成为他们一生的财富。

教育要回归生活

杜威提出的“教育即生活”，一是要求学校教育与社会生活、儿童的生活紧密结合，不能脱离；二是要求学校教育要基于儿童，秉承儿童的天性，尊重儿童的需要，建构一种美好生活状态。是的，真正的教育应是回归生活、回归儿童的。其实，我们对上述这些理念、观点并不陌生，但往往还都停留在口号状态，缺乏真正有效的落实。

杜威指出，“现在教育上的许多方面的失败，是由于它忽视了把学校作为社会生活的一种形式这一基本原则。现代教育把学校当作一个传授某些知识、学习某些课业或养成某些习惯的场所……学生在学校里学习和生活，不是只会做题的机器，不是成人思维的接收器”。反观目前国内的学校教育，考试指挥棒仍高高举着，“唯分数论”仍大行其道，大部分的学校就是杜威所说的“静听学校”，这种把儿童当作知识容器的教育使儿童缺乏现实生活能力，变得“恭顺，服从，小心从事”，没有了首创精神和责任感。在教师、家长的双重胁迫下，学生每天面对的是做不完的作业、练不完的习题，根本无暇走上社会、融入生活，对自己的发展根本没有目标。这种严重脱离生活、单一的高压状态下的学习生活令学生成为“四体不勤、五谷不分、高分低能”的一代，也让我们对国家、民族的未来担忧。

对以色列这所学校的访问只有短短的半天，我意犹未尽。这是一所朴素、传统的学校。在这里，学校即农庄，农庄即学校；在这里，教育即生活，生活即教育；在这里，我真真切切地触摸到了杜威先生的“教育即生活”的脉动，也寻找到了对陶行知先生的“生活即教育”的最好诠释，我似乎还看到了苏霍姆林斯基在帕夫雷什中学开展的教育实践探索的“再版”。这是一所具有独特味道的学校，一所看似粗糙，实质精致，极富有内涵和品质的学校，一所真实、务实的学校。

作为一名基层学校管理者，我们应清醒地意识到，我们当前的教育距离真正的“回归”还有很长一段路要走，在前行的路程中，我们需要做积极的践行者，从自己做起，从当下开始！

“小导游”Nuomi

Nuomi是我们此次以色列之行的导游海伦的女儿。海伦来自中国四川，大学毕业后远嫁到以色列，而她的女儿Nuomi则是土生土长的以色列人，仅回过一两趟中国。因为是星期天，海伦让Nuomi担任“小导游”，和来自中国的我们一起同行。Nuomi能说一口流利的普通话，所以和我们的交流没有任何障碍。Nuomi上二年级，是一个个性活泼、阳光开朗的小姑娘，能说会道，十分善于沟通交流。一上车，她就落落大方地进行自我介绍，没有丝毫的扭捏，一天下来，已经和我们一群原本陌生的成年人打得火热。因为有了Nuomi，我们的旅程平添了很多的欢乐，也让我们从她的身上间接了解了以色列的学生。我认为，与国内的同年龄孩子相比，Nuomi身上最显著的特质就是独立。在车上，她积极履行“小导游”职责，主动热情地为每一位成员发放矿泉水，还不时地配合妈妈进行讲解；在加利利湖上，她主动出击，几分钟就搞定了船长，戴着一顶船长帽神气地出现在我们面前，成为一名“小小船长”；在旅馆，她独自用餐，勇敢地串门，和一

导游海伦的女儿Nuomi

帮成年人愉快地交流……当Nuomi在做这一切时，作为妈妈的海伦很少插手，甚至可以说是完全放手，不像国内大部分家长“老母鸡护小鸡”似的看管着孩子。正如海伦所说，最好的父母应顺应孩子的天性，让孩子自由自在地生长！我想，最好的教育也应是这样！Nuomi身上的独立性，凸显了以色列学校和家长充分捍卫孩子自由成长的权利、顺应儿童的天性、尊重儿童的需要，家庭教育与学校教育正一起为孩子努力建构一种美好的生活状态。“教育即生活，生活即教育”，这次的“小导游”经历对Nuomi而言又何尝不是一次很好的学习实践呢？

不该出现的“正面照”

去国外考察时，经常会被交代，尽量不要拍摄孩子们的正面照，因为涉及个人肖像权问题，除非征得孩子的允许。回来后在整理相片时，却意外发现了几张不合规定的“正面照”。照片上，孩子们面朝着镜头，自信而灿烂地笑着。

看着照片，我想起来，这是在一所小学参观时拍摄的，而且是孩子们主动站到我的镜头前拍摄的。在这所学校的参观过程中，恰巧赶上了类似国内的大课间活动。孩子们纷纷来到了运动场上，尽情玩耍，活动器具很丰富，但我发现活动场地上基本见不到老师的踪影。这样的现象在我们国内是绝对不允许出现的，没有人管理，如果学生出了安全事故该怎么办？正当我暗自寻思时，活动结束了，孩子们纷纷回到教室，这时我的目光突然搜寻到了运动场边的几个孩子，他们看似年龄有大有小，不过，都在共同从事一样工

阳光灿烂的孩子们

作——整理器具并搬回器材室。了解之后才知道，孩子们的课间活动实行学生自治，包括各类活动器具的自我整理。

这不，身为服务者，孩子们十分自豪！他们搬运着器具，大胆地走向我的镜头，自信地露出了他们的笑脸，阳光般的笑容温暖着我，也感染着我！我不由自主地连连按下快门。

登上“戈兰高地”

在国内的一些中东战事报道中，经常会听到“戈兰高地”这个熟悉的名称。是的，这是以色列与叙利亚交界的地方，也是发生著名的独立日战争的地方。这次以色列之行，站在戈兰高地上，对面，叙利亚因为内战而枪炮声隆隆，硝烟四起，以往只出现在电视画面里的场景却在自己的眼前真实上演了，生平还是第一次这样近距离地面对战争，心里还是有点紧张的。但以色列人都很淡定，在戈兰高地上，温馨的咖啡馆旁，一丛鲜花正恣意怒放；一个个由破旧枪械零件组成的创意雕塑正展现着艺术之美；一个塑料瓶回收装置也安然矗立着。对以色列人而言，战争是可怕的，但美好的生活仍将继续……

戈兰高地上的塑料瓶收集箱

亲历“哭墙”

伴着《金色的耶路撒冷》那涤荡人心的音乐声，我们进入了无数人心中的“朝拜圣地”——耶路撒冷老城。来到老城的哭墙前，已是华灯初上时，但这里仍是人潮涌动，穿着各式正装的男女纷纷向哭墙走去。导游海伦给我们介绍，犹太人每三年中必须有一次到哭墙前来反思祈祷，祈祷的方式是往哭墙的石头缝里塞纸条，纸条上可以写下自己的祈祷和祝福，男女是分开的。带着一丝好奇，我们也加入了祈祷的人流，想亲身体验一番。快接近哭墙时，人群很拥挤，但很有序，一拨退出来，一拨往前去。随着人流，我好不容易来到了哭墙前，这时，我才惊讶地发现周边祈祷的成员居然绝大多数是年轻人，有的是手捧《圣经》在哭墙前虔诚地祈祷着什么，而更多的是在扶墙哭泣，虽然哭声是压抑着的，很低微，但绝对是真情流露，是发自内心的自觉表现！在没来以色列之前，关于以色列，我心中一直有很多疑惑，始终找不到答案。在古以色列国灭亡两千年之后，流亡在全世界各地的犹太人到底是凭借着什么能重新汇聚在一起，历经艰辛重新建立起来一个全新的以色列？面对周遭国家的重重包围，战事不断，以色列人何以能泰然处之、平静生活？作为一个弹丸小国，在这样一个资源贫瘠的恶劣环境下，在短短几十年间何以能一跃成为世界瞩目的创新之国？这一切的一切，到底是什么起了至关重要的作用？在哭墙前，我似乎找到了我想要的答案。我想，这一切都源于信仰吧？是信仰的力量，让一切不可能变成了可能，化腐朽为神奇！退出祈祷的人群，回望那哭墙前仍然黑压压的一片年轻人，我不禁感慨：此时此刻，我们国内的年轻人会在干什么呢？

（唐建英）

第6章

智慧比财富和地位更重要

在以色列，我们随处都能感受到“智慧比财富和地位更重要，学者远比富翁和国王伟大”这句治国经典的分量。不光政府将其作为施政的基础，孩子从小也从父母那里接受这样的教育。在具体推进教育的实施和发展上，以色列有着鲜明的个性色彩。

浓荫下的学术讨论会——魏茨曼研究院一角

以色列的基础教育

以色列的教育信仰

一直以来，我对以色列都充满着一种好奇和向往，在我眼里，以色列是一个陌生而神奇的国度，这里不仅培养了10位诺贝尔奖得主，同时还是世界主要宗教犹太教、伊斯兰教和基督教的发源地。尤其是现代的以色列，经常以频繁的战事而成为世界的焦点。走进以色列，对于这个国度所创造的一切神奇我仿佛在刹那间找到了答案。以色列于1948年5月14日建国，几乎与新中国同龄。这里土地贫瘠，大部分国土面积是沙漠和盐碱地，严重缺水，全年约有300个日照天，只有约50个阴雨天。雨量非常稀少。以色列境内没有可供开采的石油、天然气、煤等资源，而且国家长期处于周边阿拉伯国家的全面封锁之中。就是在这样一块贫瘠得几乎寸草不生的土地上，以色列人不仅能够绝处逢生，更创造了人均GDP高达两万美元的奇迹，一跃成为世界经济发达国家。以色列何以能够在这块弹丸之地生发出如此强大的能量？以色列创造出令世人愕然的经济奇迹，其奥秘究竟在哪里？要想破解以色列的秘密，必须破解以色列教育的秘密。

在以色列，我们随处都能感受到“智慧比财富和地位更重要，学者远比富翁和国王伟大”这句治国经典的分量。不光政府将其作

自得其乐的孩子们

为施政的基础，孩子从小也从父母那里接受这样的教育。在具体推进教育的实施和发展上，以色列有着鲜明的个性色彩。为了打造优势凸显并融合各种宗教的主流教育，以色列结合本国的文化元素，对犹太文化和各种宗教进行重新组合。在以色列民众那里，读书重教已蔚然成风。比如，犹太人在小孩懂事的那一天，要把蜂蜜抹在《圣经》的字母上，告诉孩子们“书是甜的”，同时还要给孩子们鸡蛋和蛋糕吃，并要到河边去，告诉孩子们学习永无止境，犹太父母想方设法用各种感性方法来激发孩子们的学习兴趣。犹太父母不仅要传授给孩子们知识，还要传授给孩子们更多的慈善和爱。几乎在每一个犹太人的节日中大家都要读书，父母要把书中的内容传授给孩子们，通过象征性的东西让孩子们知道历史。让孩子们通过提出问题来学习，从而增强他们的记忆力，让他们不会忘记历史。

在全球化和信息化的时代，以色列的教育正发生着深刻的变化。学校教育必须让孩子学会思考，让孩子自己去获取信息，并通过各种媒介来寻找答案。老师需要认真去做的，就是学会如何去教学生，让他们理解的层次更深、记忆的时间更长，而且会举一反三。教育的方向不仅仅是传授知识，关键是教给学生们方法和工具，让他们自己去引证和思考，并找到答案。

在以色列，教育注重培养学生的问题能力和实践技能。比如，在学校，学生有多种思考问题的方式：辩论、提出问题、比较、做出决定、取得共同点和假设、问题解决等。在教学过程中，老师们充分考虑学生的思维过程和原则，注重教会孩子们使用“因为、所以”等思考的语言去表达并解决问题。以色列教师认为，教育最重要的意义，就是通过激发孩子的思考力使他们更快地融入社会。那么，怎么教会学生思考呢？比如，以色列是一个极度缺水的国家，

▲ 老师教孩子们认识颜色

灌溉浇水是个大问题，许多专家呼吁停止发展农业。针对这一问题，教师要求学生搜集图表、数字、专家评论以及不同的报纸对这个问题的分析与报道，并给出自己的解决方案。学生会被分成几个小组，阅读、理解和分析大量的资料和信息，在吸收每个成员意见的基础上，小组成员得出自己的判断和结论。根据学生搜集的资料和信息的可靠性及方案的逻辑性，教师对学生的方案做出评价。

注重天才儿童的培养与教育

在以色列，全社会形成了支持教育、发展教育的良好氛围，培养、教育孩子是每个以色列人的职责和义务，也是他们最大的幸福和荣耀。每个公民都深知，孩子就是以色列的希望、以色列的未来。在这种全社会对教育的高度关注和拥护下，以色列的孩子们不光在学校接受了良好的常态教育，也享受着校外各种教育机构带来的诸多资源，包括各种学术团体、公益机构提供的教育机会。无论是官方还是民间的组织机构，都表现出为孩子们服务的极高热情和态度。我们这次访问的顶尖学术机构——希伯来大学和魏茨曼研究院，都有专门的青少年活动中心。

以色列教育部规定，5—6岁的孩子必须接受学前教育，以色列的义务教育是到18岁。从20世纪50年代开始，以色列就倡导社会的平等教育；60年代感觉到这种平等教育没有成果，决定给普通孩子多一些投资，从而使教育保持平衡；70年代感觉到教育永远不可能平衡，人有很大的差异性，不能给孩子们平等的教育方案，要根据他们的品质和精神制订不同的学习方案，给他们创造激发智慧潜能的更多机会。发明创造在平等机会中不太可能出现，所以，1973年以色列成立了天才儿童教育中心。现在以色列的教育部很重要的一个任务，就是努力使更多的学生受到天才儿童的教育。天才儿童在普通儿童中究竟占多大比例？以色列专家通过研究认为，大约有3%的孩子在创造力、想象力和学习力方面高于其他孩子。以色列每年有8万名孩子接受选拔。选拔既测验学生的智力，也考查学生的阅读理解力，还要考查学生的意志品质、情绪情感及学习推动力。所谓学习推动力，是指孩子的创造潜力及其对新生事物和知识的渴望。学校教育就是引导和激发孩子的这种渴望。犹太教育的主要任务是帮助孩子学会提问，教师对于孩子的成长作用巨大。有数据显示，目前以色列有98个特殊班，分散在27所学校中，还有54个天才儿童中心，每一个天才儿童机构培养天才的方向都不一样。

希伯来大学是以色列第一所大学，是全球著名的学术殿堂。爱因斯坦是希伯来大学的创始人之一。通过校门口的安全检查，走进希伯来大学，首先映入眼帘的是门口的爱因斯坦塑像，是用铁皮制成的平面喷塑，非常朴素，非常传神。正是这种朴素中的传神，给人一种宁静致远的定力和开拓进取的力量。

希伯来大学有一个儿童科学培训活动中心，承担着培养儿童科学素养的任务。在培训部主任的指引下，我们参观了几间实验专用教室，教室里摆放着各种实验仪器和研究装置，这些资源既面向选拔出来的天才儿童，同时也面向社区的全体儿童。面向全体儿童的是一学期开展的几次活动，而天才儿童则需要每周来这里与希伯来大学的教授、博士及大学生进行互动。以色列的天才儿童与普通儿童没有刻意分开，他们是在同一个教室学习的，但在课外活动上会有针对性地区别教育。活动中心有实验、有交流，活动形式丰富多样。工作人员介绍说，类似这样的青少年活动机构在以色列数不胜数。

以色列在1973年就成立了天才儿童教育中心，开始进行天才培养，其目的就是努力使更多的学生受到天才儿童的教育。经过40

多年的发展，现如今以色列的天才培养从政府管理、财政支持到天才甄别程序和天才教育体系等都非常完备。特别是社会各界精英对儿童无条件的关心、关注和扶持，让星罗棋布的天才儿童培养机构能够为不同教育阶段的天才儿童提供全面的教育服务。导游讲述的一个事例让我们非常感动。天才儿童分为普通水平、中等水平和高级水平三个等级，高级水平的孩子每年选出10个，这10个孩子每个月都有一次机会与以色列在相关领域最高水准的科学家或艺术家互动交流。在以色列，每位社会精英都热衷于儿童的教育活动，也都参与了一个或多个扶持项目。精英们认为，关心和扶持儿童教育发展是他们应尽的义务，也是一种神圣的职责和莫大的荣耀。如果哪位精英接到了儿童教育公益活动的通知，他们会感到非常光荣和幸福。导游开玩笑说，如果其中一个孩子喜欢电影制作的话，那么教育机构就要找以色列当前最好的导演并让他每个月花一天的时间与这个孩子在一起。我当时就想，国内的名人那么忙，他们愿意吗？有时间吗？以色列这种无功利的全社会支持真是以色列儿童的福祉。

你今天又提问了吗？

以色列人唯一敬畏的就是上帝，这里没有偶像崇拜，任何人都要独立思考，都要质疑和提问。以色列家长对放学回家的孩子说的第一句话就是：“你今天又提问了吗？”

1.选修课上的“为什么”

近年来，以色列的小学开始设置中文选修课，但尚处于起步阶段。在一所我们参观的小学，全校有10个孩子选修中文。在校长的带领下我们走进孩子们的一节中文课，老师采用从音到意到形的顺序讲解。短短10分钟的学习后，校长打断了老师的教学，问在座的学生：“你为什么来学中文？”这里，我记录了这些孩子的回答。孩子们的回答是：“中国字像一幅画，很有趣”；“感觉很陌生”；“父母说中国越来越好了”；“了解中国，学习中国文化”；“想用中文简单地交流”；“感觉中国文字很特别”；“没见过”；“对中国文化、文字有兴趣”……孩子们踊跃地、真实地谈着自己的想法，没有丝毫的拘谨，完全是一种自然的流露。当时我在想，如果走进我们的兴趣课堂，问一下我们国内的孩子为什么要学习英语，他们会怎样回答呢？后来寻机会单独询问校长：“孩子们学习中文的兴趣会持久吗？”校长说：“不要强求孩子。但是既然选择了就要负责任，责任是在孩子身上，而非教师。”她说犹太人很重视每个人的价值，两千年的流离失所，让他们每个人服从的是自己的内心，每个人是自己的王。“为什么”的追问是每个人都应该做到的。好一个“责任是在孩子身上，而非教师”，好一个“每个人服从的是自己的内心，每个人是自己的王”。“既然选择了就要负责任”，如果每个人都树立这样的信念，那么这个民族一定非常具有生命力。反思我们的教育，还有很长的一段路要走。

2.儿童游乐园里的“问号”

我们参观了一个儿童游乐园，迎面是一个人脑模样的大门，很是让人感到新奇。因为在我们国家，这无论如何也算不上精致和美观，甚至有些粗糙和“丑陋”。对于儿童来说，这样的设计却是十分贴切的，彰显着以色列一切为了儿童的适切的教育主张和育人理念。以色列人首先想到的不是迎合世俗的美，而是引发并强化儿童“大脑是开启人类智慧之门”的意识，使其学会时时处处运用大脑、运用智慧去解决问题。

穿过人脑模型，我们步入各种科学游戏和实验。工作人员热情

A 脑科学的有趣解释

地介绍说：“开始进入思考的快乐王国。”我特别注意到工作人员的T恤衫后面画了一个大大的问号，于是，就问他为什么用问号做游乐园的文化标志。他回答说：“提问是我们的教育精神，我们就是要把孩子的好奇心激发出来，让孩子有更多的为什么。”“游乐园里有近百个科学实验，但这些相比孩子们浓厚的探究兴趣还不够，还需要不断地开发。”他边走边讲述，眉飞色舞、手舞足蹈、神采飞扬，不用翻译你就可以真切地感受到他的专业，感受到他对这份职业的热情。只见他走到一个锅形的装置旁边，把这个锅转动对准太阳，然后拿起一根木棍伸向锅的中央，木棍呼一下子着起来了，再一转动锅，火熄灭了，十分有趣。之后又演示了声波、光折射彩虹等我们生活中常见的现象。这些动手动脑的实验将孩子们带入了一个无穷无尽而又充满乐趣的探究之中。

以色列的“野性”教育

以色列的学校没有我们中国现在很多名校那些“高、大、上”的设施和美轮美奂的环境，有的只是自然的、简朴的、简单的设施和条件：泥地、沙地、小模型……但正是这简朴简单中渗透着成人对儿童的理解，渗透着教师对现代教育的阐释。花费不多的简朴设施却具有丰富的教育内涵和价值。

绳网上的攀爬。学校里的体育运动设施非常简单，比如在沙地上用绳子拉成简简单单的网。这样的设施给每个孩子锻炼的空间很大，给每个孩子很多运动的想象力和创造力。拉、攀、爬、跳、平衡……需要手、脚等身体各部分全部参与。可以单人，可以多人；可以低，可以高……可以想象孩子面对这样的绳网运动，需要多大的勇气和信心，需要对自己的能力和胆识做出怎样的判断，需要在整个过程中怎样不断调整自己的运动方式。只见一个7岁的以色列女孩手脚并用，跃上最低的绳线，绳网开始晃动，女孩没有一丝胆怯，手牢牢抓住绳子，她抬起左脚踏上更高处的绳线，右脚紧跟，身体倾斜，一手一拉，已经移动到新的高度。女孩从这边到那边，从低处到高处，玩得不亦乐乎，纵然浑身是汗、污渍缠身也乐此不疲。看得出对于这样的游戏运动女孩已经很娴熟。我走近女孩对她说：“你真勇敢！”女孩却说：“这很容易，好多小朋友一起玩时更有趣，那才难呢！”我听着女孩的话似乎可以想象一群以色列孩子在这个绳网上的样子，每个人力量、方向、动作的不同，都会带来绳网的变化，在变化中需要他们每个人冷静、勇敢、智慧地面对，更需要互相帮扶与合作。单从这样一个游戏足以看出以色列教育对个体能力的关注以及对团队意识的培育和整个民族精神的培养。想想国内教育在“安全第一”思想的统领下，尽量不让孩子们野外活动，偶尔开展体育运动，甚至在体育课上，也要对孩子们的活动加以种种限制，以防“意外”。这样的运动安全是安全了，但除了安全还剩下什么呢？

弹力绳和女孩课程。参观校园时，听到一个教室里有学生欢笑的声音，寻声望去，只见一群女孩正在老师的带领下进行训练，所用工具就是绳子。几个女孩侧卧在垫子上，用绳子绑住大腿，正在做着抬放双腿的动作。老师介绍说，这些孩子正在进行形体训练，旁边那几个女孩在进行力量训练。这些女孩个个健康、强壮、结实、有力，她们在老师的口令下，进行上肢力量训练。只见女孩训练有素地两脚分开，挺胸收腹，两手拉绳，上身后倾，吸气向后，呼气站直。几次集体训练后，女孩们开始自由练习。她们或上肢或下肢或背部，或躺或推或勾，形态各异，欢快自由，小小弹力绳和女孩们做着游戏。我在现场看到每个女孩的力量和身体素质还是存在差异的，但是有弹力的绳子却可以适应每个拥有不同力量的女孩。弹力绳训练的是女孩们的力量和强健的体魄。其实，对于当今任何一个国家和民族，都必须加强自身的体魄训练，不论战争与否，这是一个生命体乃至一个民族强大的根本。回想当下我国的教育，很多女孩的活动多是舞蹈或其他技能训练，活动的内容多针对形体的韵律和美感，却很少涉及体能训练，这是很值得反思的。

以色列的兵役教育

我们在以色列大街上行走时，迎面走来几位持枪的以色列女兵，她们看上去很年轻，个个神采奕奕、英姿飒爽。问导游方知她们是一群学生兵。在战火纷飞的年月里，以色列实施了“全民皆兵”的兵役教育制度。也就是说，高中毕业后，不论男女，都要服兵役。男性为3年，女性为2年。服完兵役后，年轻人往往花

3—6个月的时间全球旅游，开阔眼界，思考人生。他们通过打工挣得旅费，即便是富家子弟也不愿意接受家长的资助。旅游回来后，他们会再次投入工作筹措学费，大学学费靠贷款、助学金或打工的方式取得。学生经历过军队洗礼甚至生死考验后，会更为成熟。想想以色列的做法，确实可以理解，也是必要。这不只是由以色列的国家局势决定的，更在于一个人的成长需要。孩子长到18岁就已经成年了，既然成年了，就该做些成年人的事情，或者说系统接受成年人的磨炼。这样一来，再步入大学时，这群孩子就会自觉地将学习和社会实践对接，绝不会只埋头读书。即便过去再怎么死读书的学生，也会重新认识学习，并调整自己的学习方式和能力发展方向。同时，一定时期的社会实践也使得一些学生重新审视自己的人生目标和努力方向，并对自己的发展做出新的更加准确的定位。高中毕业后进行两三年的兵役，是学生能力培养的需要，也是教育的需要，更是学生未来发展的需要。

短短一周的以色列之行让我感悟颇多，“不毛之地”的以色列唯一的资源是人，无功利、去形式、求实质的教育生态让我深深感受到了犹太人的教育智慧。在以色列政治家和有识之士看来，教育投资并不是一种国家的负担，而是有效的国家资源储备。没有物质资源并不要紧，只要拥有优质的教育，就能创造出一片绿洲、一块蓬勃发展的热土，而这些，以色列做到了。

（王冀敏）

以色列的学前教育

重视养成的课程

我们在与以色列教育同行的交流中得知，以色列教育部对学前教育课程有基本的要求，各幼儿园在保证上好基础课程的前提下可以自由发挥，政府不做限制。但大多数的幼儿园都是从养成教育开始，包含孩子的读书习惯、良好的生活习惯、很好的沟通与协作习惯、正确的人生观等。幼儿园充分尊重孩子的个性发展，如某一个孩子对某一个领域有着特殊的爱好和兴趣，幼儿园在孩子大班的时候就会侧重培养，优秀的可以选拔进入天才儿童中心进行培养，有专门的科学家和教育工作者因材施教。

以色列的幼儿园总体上可分为犹太幼儿园和阿拉伯幼儿园，也有少数的和平国际幼儿园。和平国际幼儿园分别招收犹太孩子和阿拉伯孩子，也有少数的国际孩子。

幼儿园根据孩子年龄分班，每一个班级约有15个孩子，配有两名老师：犹太幼儿园配备犹太老师，用希伯来语上课；阿拉伯幼儿园配备阿拉伯老师，用阿拉伯语上课；和平国际幼儿园分别配备一名犹太老师和一名阿拉伯老师，使用希伯来语和阿拉伯语授课。此外每一个班级还配有一到两名助理，负责照料孩子生活。以色列的幼儿园课程也很有特点，有的幼儿园从早上7：30到下午1：00

是“必读课”时间，主要上幼儿园安排的课程，完成教学任务，游泳、音乐、画画、手工、到操场上疯玩都安排在这个时段。

周日到周四下午1：00到4：00是“选读课”时间，参加与否全凭家长意愿。以色列周六休息。老师会从孩子们做的手工、画的画中选出优秀作品放在走廊和教室里展览，不定期更换，每个孩子都有机会。各幼儿园时常在社交网站发布孩子们在幼儿园里的照片。在学年结束典礼上，每个孩子都会收到一本精心装裱的纪念册，里面有自己和其他小朋友的照片，也有这一年里画的画。

幼儿园中的社会学

1.快乐的日子

在以色列的幼儿园，孩子们有两个日子是最快乐的。

一个是周五。周五是特殊的一天。这一天很多幼儿园放学时间会提前到中午前后，放学前最后一个节目是吃蛋糕，庆祝一周学习结束。幼儿园以及家长们轮流提供蛋糕，孩子爱吃蛋糕，所以这个环节几乎是所有孩子一周中最盼望的一刻。

一个是生日。孩子们最喜欢的应该是生日会了。每个孩子的生日都是全班的节日。幼儿园和家长们有约在先，孩子的生日要听幼儿园的安排，不能炫富攀比，也不能过于草率。

一个朋友对我讲述过以色列幼儿园的生日是怎么过的。

生日到来的前一周，老师会给家长一张物品清单，包括多少个气球、一张带有6—8张孩子照片的海报、生日蛋糕、生日蜡烛和餐巾纸。海报和气球要在派对前一天就准备好，老师把海报贴在墙上，把气球装点在教室里，开始为生日派对造势。

老师将每个孩子为寿星画的画装订成册，作为祝福送给寿星，之后大家围成圈，将寿星和寿星椅一起抬过头顶，欢呼。寿星还要躺进被窝里，听老师专门为她讲一个故事，然后坐回寿星椅，接受同学们逐个上前行贴面礼。

最后，老师把蛋糕切成小块，寿星逐个分给大家。另一位老师把装点用的气球摘下来，孩子们一手拿蛋糕，一手拿气球，高高兴兴跟家长放学回家。这个气球就是寿星送给派对客人的礼物。

2.立规矩，不迁就

我们去以色列的时候正好是九月中旬，正是新学期开学不久的日子，个别幼儿还没有度过入园焦虑期。在参观交流的过程中，我们发现老师对待处于入园焦虑期的孩子有着与国内截然不同的做法。一个年龄较小的犹太小男孩在妈妈走后扒着门哭，旁边的几个孩子也在哭。两位老师不急不躁，一边尽力哄正在哭的孩子，一边给不哭的孩子发饼干吃。按照中国幼儿园教师的思维习惯，这个饼干应该发给正在哭的孩子，目的是息事宁人。以色列的这两位老师的做法，实际上是在立规矩，让孩子从最初就体会到只有遵守规矩的孩子才有奖励，哭能得到哄，却不能得到奖励。

这两位老师没有迁就孩子的依恋感，而是用幼儿园的规矩来发展他的独立性以及与人相处的意识和能力。

教师对孩子的尊重也是一大特点，他们没有认为孩子小、不懂事而去忽略他的感受。我们在交流考察的时候遇到一个老师在批评一个孩子，但看到我们来了，老师就拍拍孩子，立马让其离开，不让孩子感到难堪。

3.有意义的家长会

在以色列，幼儿园每年召开两次家长会，都是在每学期开学前。家长围成一圈，听老师介绍幼儿园的作息制度、课程安排、新学年打算等入学须知，家长可以随时向老师提意见。对于家长的意见，教师尽量当场就给予答复，现场回答不了的也会跟家长约定时间回复，形式上跟国内幼儿园大同小异。但是也有不一样的地方，在以色列的家长会上，幼儿园会根据日常教学中出现的问题对家长进行培训。如幼儿园发生了孩子咬人的事件，幼儿园会在家长会上聘请幼儿心理专家给大家讲解孩子为什么咬人，怎么对待咬人的孩子，怎么教被咬的孩子应付此类事件。至于是谁咬了人，也不会有人问。家长们坐成一圈，讨论孩子们的问题，没有指责，没有抱怨。因为每一个家长心里都很清楚，这些问题都是幼儿成长过程中的问题，很正常，大家彼此间能够做到的就是如何避免这样的事件发生。

在以色列，幼儿园很多重要的活动都会要求家长参加，创设一个亲子环境，让家长了解孩子的状况，特别是与人交往的能力、分享的习惯、生活习惯的养成等方面的情况。幼儿园每个学期的主要工作之一是跟家长保持沟通，以便家长能够在家里配合幼儿园的教学工作。

幼儿教师的培养

教师培训学院主要承担小学和幼儿园教师的培养和培训工作，有意到幼儿园从教的中学毕业生可以报考教师培训学院。教师培训学院提供三种证书的学历学习：一是合格教师证书，学制两年；二是高级合格教师证书，学制三年；三是教育学士学位，可同时获得高级合格教师证书和教育学士学位，学制四年。

以色列对教师培训学院的入学要求比大学要低，并且提供各种奖学金，学生在培训学院学习期间可以根据自己个人的意愿进行升级学习，继续获得本科以及硕士学历的学习。这种自由的培养模式和较低的入学要求以及资助，使得不少以色列学生报考教师培训学院，从而使以色列的教师资源得到保证。

以色列教师都属于教育部直属员工，工资和福利可以得到保证，全国同一标准。在以色列，幼儿教师的学习跟中小学教师一样，贯穿职业始终，培训包含职前培训和实习期以及在职培训三种模式，在职培训又可以分为教育部组织的、学校组织的以及个人在职培训。在以色列，教师每六至七年的时间里可以有一个带薪学术休假年，教师可以领取三分之二的二资，利用这个时间进行学习提升。

教师的工资分为九个等级，每一个等级的标准不一样，教师只有在学校经过学习和通过考核后才能获得更高的薪资待遇。

教师在以色列的社会地位很高。在犹太人的心目中，教师的地位非常崇高。在他们看来，教师是一种至高无上的神圣职业，因此“要像尊重上帝那样尊重教师”，犹太人“使拉比——教师和有智慧的人得到极高甚至可以说是过高的声望”。在古代的以色列，教师被誉为“无冕之王”“以色列的光明”“以色列的顶梁柱”，并享有免税待遇。《塔木德》上写着，假若父亲与教师两人同时坐牢而又只能保释一个人出来的话，做孩子的会保释教师。因为，“父亲仅把儿子带到今世，而教给儿童智慧的教师却把儿子带到永生”。不仅如此，犹太人还把教师看成是本民族的守护者，承担着传播文化、教育子孙的巨大历史责任。

以色列建国更是把教育和教师的培养放在了首位。以色列教育事业高度发达的关键原因是全社会特别是政府对其发展的重视。以色列的历届政府都非常重视教育，优先发展教育。被誉为以色列“建国之父”的以色列第一任总理戴维·本-古里安认为，“没有教育，就没有未来”；第四任总理果尔达·梅厄指出，“对教育的投资是有远见的投资”；第三任总统扎尔曼·夏扎尔则强调“教育是创造以色列新民族的希望所在”；第五任总统伊扎克·纳冯认为“教育上的投资就是经济上的投资”，因此他任期届满后，又回过头来担任了政府的教育部长，而且当得勤勤恳恳。

以色列的教育投资仅次于军事，占GDP的比值高达8%，位居世界第一。这些钱中很大的比例是投入了对教师队伍的培养中。政府的重视、社会的尊重、持续的职业发展、良好的待遇使得以色列的教师队伍稳定，水平较高。

在以色列，教师工作一定年限后，可以每年享受在职免费培训的待遇，以此来不断提高工作能力和水平。以色列政府还鼓励学前教师提高学历水平。凡是获得学士学位及以上学位的教师，其工资将随之增加。所以以色列教师需要通过不断的学习考试来获得相应的工资提升。同时在以色列教师工会的力量很强大，教师工资基数的增加是教育工会通过与政府协商确定的。

教育部根据政府预算分配学前教育经费总量，确定下一年学前教育职位的数目。市立托儿所的教师由地方政府雇用，并负责工资和福利待遇。私立幼儿园、托儿所（日托中心）教师的工资由举办者承担。

由于各种经费得到保障，教师的各种待遇自然不成问题，这是留住老师和不断提高教师的工作能力的一个重要举措。

家园共育

以色列的强大依托于它是一个非常重视教育的国家，教育被视为以色列国家的基本财富，其民族智慧被认为是很优秀的智慧。以色列的家庭教育具有鲜明而又独特的风格。在以色列的整个教育系统中，目前成绩的获得除了有很好的政府保障外，家庭教育也发挥着巨大的作用。

犹太民族是一个以儿童为中心的民族，以色列也是一个以儿童为中心的国家。全社会都通过不同的方式支持学前教育。以色列的博物馆、社区中心、资讯中心等机构积极为幼儿园开展科技教育、艺术教育提供条件，为教师提供教学辅助资料，家庭则积极配合幼儿园的教养活动。在地价昂贵的以色列居民小区里，随处可见供儿童玩耍的游乐场。居民区内的儿童游乐设施往往是小区里最早建成的设施之一。有了这些设施，幼儿园的教育活动就有了更大的空间，幼儿园老师可以经常带领孩子们到这些露天场所上课。

以色列父母让孩子习惯阅读传统与经典，不是为了让孩子理解文章经书的意思，而只是让他们背诵。他们认为，如果培养不出一个好的记忆力，以后的学习就会变得困难甚至无法进行。所以他们自称是“记忆的民族”。犹太人把学习叫作“重复”，因此他们在各方面都具有极强的韧性。在漫长的流散历史中，正是这种重复及回忆，让他们得到了良好的挫折教育，具备了永不言败的精神，也正如海明威在《老人与海》中的名言一样：人可以被毁灭，但不可以被打败。在每一个犹太家庭里，当小孩稍微懂事时，他们的母亲就会翻开《圣经》，滴一点蜂蜜在上面，然后让小孩去舔书上的蜂蜜，这种仪式不言而喻：书本是甜的，他们要从书本上得到教育，得到知识。子女到了5岁，就要接受正规的教育，学习《托拉》、祈祷书及它们的注解。到了7岁，要学习《圣经》的其他部分，还要学习《塔木德》的基础知识。13岁时，举行成人仪式。

《塔木德》说道：宁可失去所有的财产，也要把女儿嫁给学者。犹太人认为，学者比国王伟大。在犹太家庭中，几乎每个孩子都要猜一个谜团：假如有一天，你的房子被烧毁，你的财产被抢光，你将带着什么东西逃命呢？其答案是一种没有形状、颜色及气

幼儿园图书馆的图书都带有塑料的封面，足见这个民族对图书的重视程度

味的宝贝，即智慧。

当孩子还在牙牙学语时，父母就会教他们辨认硬币和纸钞，让他们体会“金钱可以购买任何他们想要的东西”，更重要的是告诉孩子“钱是怎么赚来的”。

犹太父母教育子女重视金钱，更要有驾驭金钱的智慧，所以从小就让他们独立生存。现在，中国为什么出来那么多孩奴父母？只要孩子提出来的，中国家长都会想尽办法给予满足。但是，孩子对金钱没有足够的认识。“钱是从爸爸兜里掏出来的”“钱是银行给的”，如此想法不是孩子的悲哀，而是中国父母教育的悲哀。

世界上多数民族都将早晨作为一天的开始，公历的一天开始于午夜，而犹太人的一天则是从太阳落山时开始的。当孩子问为什么时，他们就说：“将黑暗作为开始的人，他的最后才是光明；而将光明作为开头，最后则是黑暗。”以色列人就是这样教育孩子先吃苦后享受。当孩子问现在是几点钟时，他们的回答总是精确到秒，犹太人的时间观念极强，对数字也是非常敏感与精确的。

时间管理是犹太孩子从父母那里学会的第一项投资本领。很多中国家长抱怨说孩子的自我管理能力差，总是输在自己的惰性上。其实，孩子的自我管理能力本质上是一种时间管理能力，它关系到一个孩子做事情的效率乃至事业的成败。

犹太父母力戒惩罚或斥责孩子，也尽量避免用言辞警告他们。即使被迫惩罚孩子，犹太家长也力戒讽刺挖苦，更不会自恃“孩子是我生的、是我养的”，就随意用不留余地的语言指责孩子。当孩子为了逃避惩罚而推卸责任，乃至说谎话时，家长要对他的这种行为说“不”，拒绝让他把自己的事情推给别人，告诉他这种做法是错误的，每个人都要对自己的行为负责任。当火气上来时，犹太父母采取退避或保持沉默的对策。退避，可使孩子认识到事态的严重性，避开父母与孩子间的正面冲突，还可避免因在气头上说出过头话伤害孩子。

总之，以色列家长用爱代替体罚，给予反省时间。所以说，相对低调而严格的惩罚，会让孩子感到规则是不可违背的。

实质上，犹太人在教育方面的最大特点就是贯彻完全的幼儿教育和影响孩子一生的生涯教育。而这一切，毫无疑问，都是源于杰出的家庭教育。家庭教育中，父亲的责任重大，因为他被认为是上帝委派给人的第一位老师。

在以色列，很多家长每天从幼儿园接到孩子以后首先关注的孩子提出的问题就与我们国内家长关注的有着巨大的差异。我们国内的家长大多问：今天有没有听话啊？吃饱了吗？有打架吗？等等。而以色列的家长问孩子的问题是：今天你给老师提出了什么问题？

以色列的父母之所以重视并愿意参与儿童的教育，一个外在的主要推动因素是以色列政府实施了两个重要的社区教育计划，即

HATTF和HIPPY计划，力图对不同年龄幼儿的家长进行分层指导。

HATTF（Home Activity for Toddlers and Their Families）是为1—3岁婴幼儿开设的家庭活动计划。该计划强调母亲与孩子的相互作用及简单而经济的教具的使用，由专业协调员及专职家访员共同负责实施。专业协调员要求具有高等学历和从事早期儿童教育工作的经验，接受HATTF方法的训练，定期接受HATTF计划国家指导者的指导。一个协调员一般负责60—80个家庭，下辖4—6名专职家访员。而专职家访员由当地社区机构推荐，要求有教育自己孩子的经验且文化水平较高。专职家访员每年接受一周的培训，内容为儿童的早期发展与教育以及HATTF计划等。一个专职家访员负责12—14个家庭。儿童出生后的第一年，专职家访员每周家访一个小时，第二年每两周家访一个小时。专职家访员的任务是帮助母亲学习游戏，学会与儿童游戏，认识到游戏在孩子成长中的特殊作用。专职家访员还要帮助家长成立互助小组，每半个月活动一次，在小组内交流育儿经验。

HIPPY（Home Instruction Program for Preschool Youngsters）是为3—6岁学前儿童开设的家庭指导计划，主要是帮助和指导社会处境不利儿童的家长，因为这些儿童没有机会进入适当的教育机构，同时缺乏良好的家庭教育环境，缺乏足够的刺激，其生理发展和心理发展在某种程度上落后于同龄儿童。为此，HIPPY计划试图通过教育父母怎样为儿童提供适宜的环境刺激，使儿童得到正常的发展及发挥潜能。HIPPY计划的具体内容包括发展儿童语言及阅读能力，帮助儿童掌握动词及概念，提高儿童独立思考及解决问题的能力。教育部组织专家编写了两年使用的教材，每年9册，每册配有亲子活动方案，每项活动持续几分钟；社区专职家访员协助家长使用教材；家访员每两周访问一次，与父母讨论、交流儿童教育问题，通过使用角色扮演的方法向父母传递保教知识，帮助父母构建家庭教育环境，提高父母的教育水平；家访员还鼓励家庭之间成立友好小组，每半个月活动一次，探讨教养孩子的问题。

总之，通过HATTF及HIPPY这两个社区学前教育计划，以色列政府成功地实施了父母参与儿童教育的策略。父母的参与为儿童的发展提供了条件与环境，促进了儿童的身心全面发展。

（宫照伟）

读书成就非凡智力

重视读书可以算作我这次去以色列最大的感触。我们国家古往今来人人都谈读书，但是却没有真正让我们的民族变成一个爱读书、会读书的民族，以色列却实实在在是一个“嗜书的民族，智慧的民族”，读书让智慧成为以色列人抢不走的财富。

智慧源于学问，学问离不开读书，毫无疑问，读书成就了以色列人非凡的思维，给以色列人种下了非凡智力的因子，成就了他们非凡的民族成就。

感知以色列的阅读

我们初到以色列的时候，很惊讶地发现，周围的以色列人经常使用社交网络，连10岁的小孩子都有了手机，他们同以色列的年轻人一样构成了社交媒体用户的主力军。在中国，我们看到大量的报纸停刊、传统书店倒闭，但是我们在以色列却看到了不一样的风景——书店的经营状况很好，旧书店随处可见，主要报纸都经营得很好。以色列的孩子和其他国家的孩子不一样，他们可以充分享受国家带给他们的阅读福利，他们喜欢读书。

偶然有一天，我走进了以色列的书店，书店的人非常多，小孩子占据了很大的比重，但是很安静，每个人都在读书。我随机问了其中一个孩子，才知道今天是他们的安息日。这一天，公交停运，商店饭店也大多关门，唯有书店会迎来络绎不绝的顾客。孩子们也会求知若渴地奔向这个地方，为心灵找一个栖息地，为成长储备好足够的知识，为未来做好准备。我当时就很感慨，想到了我们国内的学生。我所在的小学是区直属的小学，学生的素质相对较高，但是大多数学生对于读书的要求仅仅限于书本，完成学习的任务。在周末，我们走进书店去看，你会发现80%的书都是中小学教辅，真正的经典好书往往无人问津。当然，我们也很少有孩子选择去书店进行阅读，而是把这些宝贵的时间奉献给了各种补习机构，令人不胜唏嘘。

知识是抢不走的财富，以色列人认为人与人之间有智力差距，根本原因在于阅读能力的差距，因此特别强调读书。阅读能力的提高可以让人随时掌握知识、更新知识、弥补知识，让知识之泉生生不息。只要读书，就有知识，只要有知识，就不怕没财富，知识才是最稳妥的财富。

以色列创造性的培养及其启示：读书成就非凡智力

犹太人说：记忆是最重要的学习方法，但是他们反对灌输，崇尚思考、怀疑和创新。犹太先哲教育后人说：读过很多书但不会用书上知识的人是“驼着书的骡子”。犹太民族是一个企图揭示自然和人类秘密的哲学家民族，他们喜欢学生去怀疑、去提问、去创新。犹太孩子回家必被问的问题是：孩子，今天你提问了吗？

我们在考察期间，会见了以色列大学的几个有名的教授，在谈及以色列人的教育的时候，他们讲述了好几个以色列人的教育理念，其中很重要的就是：一个国家的年轻人是这个国家的未来，所以教育要设法培养孩子们创造未来的能力；教育的目标是让学生掌握沟通能力，学会思辨、交流；教育的实质在于让学生形成学习习惯和寻找信息、获得新知识、创新知识的能力。

我们在以色列学校考察的时候，看到他们课堂中自然流淌的素质教育理念，深受感染。举个例子，在以色列的课程设计里面，大多数是以“解决问题方案”为主，教师在课堂里面充当的角色就是引导，课堂充满的是一种集思广益、共同解决、理性辩论、热烈讨论、寻求最优解决方案的氛围。通过学习，学生们往往可以形成属于自己的一套灵活的终身可受用的解决方法，而不是一种靠机械记忆而来的瞬间知识。

读书：打好精神的底子

看了以色列国家的读书状况，我想追问三个问题：为什么要读书？谁要读书？读什么书？

为什么要读书？读书，可以为孩子们打开一个广阔的文化空间，打好精神的底子，这样才可能有真正独立的选择和创造，从而形成自己的世界观、人生理想，建立起自己的信仰，在现实世界中生活得幸福快乐。

钱理群先生曾经在《我理想中的中小学教育》中讲过中小学

到底是干什么的。他认为，中小学的第一职责就是：呵护成长之美，保障成长权利。严凌君老师曾经说：一个人成长是一件很奢侈的事情，这是因为“所有动物之中，人是孕育期最长的动物，人学习生存技能时间最长，小学和中学正处在生命成长的初始阶段，他们的唯一任务就是学习成长，这是一种成长之美”，而我们中小学教育的任务，就是创造一切条件，让孩子学习与成长并行。所谓的学习成长，主要就是两件事情：一是“玩”，二是“读书”。前一件事有关身体和精神的健康；后一件事则有关精神的成长，至关重要。唯有读书，可以打破时间与空间的界限，与千古之遥、万古之远的古人、外国人进行精神的对话，接受他们的知识，了解他们的时代，理解他们的思想，触摸他们的灵魂。心灵的对话，精神的交流，汲取人类文明的精华，让自己的精神空间无限宽广。理想、信念、信仰，只有建立在深厚的知识学养上才能坚固。

谁要读书？教师要读，学生要读。教师是学生成长的引领者，教师要发展，最基本的途径就是阅读。阅读，能促使教师不断完善自身的精神世界，让教师获得持续的、向善向美的动力，更清晰地认识教师职业的本质，在成为一名优秀的学科教师之前努力成为一个真正的育人者。教师在学校世界里面，应该是博家、杂家，没有上通天文、下晓地理之才，没有博古通今之智慧，没有丰厚的文化底蕴和浓厚的书卷气息，教师又怎么能成为文化文明的传播者、心灵的塑造者呢？

学生要读书。龙应台曾经给他儿子安德烈说为什么要读书。她说：孩子，我要求你读书用功，不是因为我要你跟别人比成绩，而是因为，我希望你将来会拥有选择的权利，选择有意义、有时间的工作，而不是被迫谋生。也许龙应台的话有些现实，但是事实上读书的意义也真的在此：拥有更多选择的权利。以色列人也是这样的观念，他们认为，只有读书，才能拥有智慧，拥有知识经验，拥有创造力，并且是一生相伴、不离不弃，随时等待机会的垂青。

读什么书？读古典，比如《论语》《孟子》《学记》《史记》以及唐诗宋词；读名人经典，比如莎士比亚、安徒生、托尔斯泰、川端康成、雨果、鲁迅、沈从文、丰子恺、林语堂；读会飞的诗歌，它会让人沉静、让人轻盈、让人浪漫；读哲学，获得生命的镇定和灵魂的安息；读生活的故事，让自己变成一个有情趣的生活家。在可允许的空间与时间里面，把精力放在宽泛而有趣的读书时光里，不仅读中国经典，也读外国经典；不仅读自己专业之内的书，也读专业之外的书，可谓开卷即有益。

我们作为教育者，要有气魄和胸怀、魄力与决心，从孩子抓起，给他们创造广泛读书的条件，让他们在书中与最深厚的历史、最博学的名人甚至宇宙一切生命隔空相遇，陶冶性情，获取知识，增长智慧。

自古以来我们民族是一个崇尚、热爱读书的民族，但是“学而优则仕”却成了读书人的最终目标，从而造成了我们民族读书人的视野渐渐狭窄，也让我们下一代的读书空间日益受限，为了应付无孔不入的各类考试，孩子们读书变得越来越功利，他们的精神世界也变得扁平、狭窄，创造力也趋于贫乏。

朱永新教授说：在一定意义上说，一个人的精神发育史实际上就是一个人的阅读史；而一个民族的精神境界，在很大程度上取决于全民族的阅读水平。但是，目前我们民族的读书状况很不好，作为教育者，我们能做的不多，但是至少可以在有限的范围里尽自己的绵薄之力，比如，将“读书是一种需要”上升为“读书是一种责任”，或者把“读书是一种乐趣”转化为“读书是一种有益的生活方式”。

（李　竹）

考|察|小|议

热爱读书是学习的开始

除了学校，你可以在以色列的机场、餐厅、路边小店看到不少读书的人。对每一个刚懂事的孩子，母亲会在书上滴上蜂蜜，让孩子去舔，让他们知道书是甜的。母亲会严肃地告诉他：书中藏着的是智慧，比钱和钻石贵重得多，智慧是任何人都抢不走的。犹太人是世界上唯一没有文盲的民族，就连乞丐也离不开书。上海中同教育建筑设计所吴奋奋所长考察期间夜游特拉维夫后感言：“那天晚上，我在特拉维夫街头漫步6个小时，差不多20公里。开头4小时天还亮着，我都在看那些包豪斯建筑的外立面，天完全黑了以后，我把目光转向特拉维夫的夜景。知道么，特拉维夫有不少开到午夜的画廊和书店！如果没有顾客半夜买画，怎么可能有开到午夜的画廊？如果没有足够多数量的读者午夜买书，怎么可能有开到午夜的书店！可不是零星的几家哦！足够数量的读者午夜买书！”

“立身以立学为先，立学以读书为本”，中华文化传统也倡导读书，我们在学校教育中也在推广阅读教学，为什么中国人的读书比例会比较低呢？我想这不仅仅是学校的问题，试问有多少父母喜欢读书？有多少家庭为孩子提供了读书的氛围？当然，作为学校应努力培养爱读书的人。我们学校就尽全力为孩子们提供这样的氛围。学校实行开放式书架，让孩子们随处可以坐下来读书，每日填写读书笔记，随时有积累，逐步养成了读书的习惯。校园里教师、职工甚至有些等待孩子的家长也会不经意间坐下阅读。7年来，我们没有因为这样的开放，人为丢失过图书，图书破损率也与过去图书室藏书相当，而我们的孩子获得的是读书的习惯和有趣的知识。同时，我们倡导过有意义的周末，带动更多人读书。

（钟　樱）

与阅读相伴

教育家书院是一个真正的充满活力的学习共同体，这次游访以色列与导师同行喜出望外、受益匪浅。

记得在北京机场三号航站楼集合的当晚，一到机场，郭华老师便送给我们每人两本书，一本是果尔达·梅厄撰写的自传小说《我的一生》，还有一本是丹·赛诺和索尔·辛格合作编著的《创业的国度》。本来就已行囊满满，又实在找不到可以寄存书的地方，只好勉强带着出行吧。

在由北京飞往莫斯科的SU201航班上，郭老师坐在我的后排座位上。在漫长的航程中，有的昏昏欲睡，有的看机上或自带的电影、电视，有的玩游戏打发时间。待飞机即将到达时，我回头看见郭老师手上的《我的一生》已经翻过五分之三了。郭老师说《我的一生》真的很感人，好几次被书中的情节所打动。在我跟郭老师交谈之时，郭老师旁边的乘客由衷地感叹道：您一直抱着厚厚的书在专心阅读，一定是大学教授或专家学者吧？言语之间流露出敬佩之情。

接下来的游访中，我也利用可利用的时间抓紧阅读。停下来时，我们几个同行的书院学友就围在一起开起了游学旅程中的读书分享会。

《我的一生》和《创业的国度》

《我的一生》是以色列首任

女总理梅厄夫人（1898—1978）的自传，是关于她本人的生平，也是关于以色列为生存而斗争的历史。郭老师说，作为一个女性政治家，其坎坷、丰富、传奇的人生经历堪为世界女性所敬佩和学习，她以坚韧的品格树立了不妥协的强硬风格，曾被誉为在英国首相撒切尔夫人之前的“铁娘子”，给了磨难中的以色列人以信念和希望。说到此，我看出郭老师对梅厄夫人发自内心的尊重和敬仰。

我个人其实很少看有关政治家的自传，受郭老师影响，这本以女性政治家自我成长、自我实现为线索的自传小说，让我既感觉亲切又不时受到强烈的感染和冲击，细细读来，不由从心里喜欢并由衷佩服这位以色列首任女总理。同行的王伟博士也时常利用乘车时间跟我们分享《创业的国度》中的案例和他自己的观点。在边行走边交流的过程中，我获取和丰富了有关以色列人不畏权威、创新实践的认知，也真正明白以色列这个仅800多万人口、约2万平方公里的小国家，为什么能在建国以来的60多年的时间里，从一个自然资源严重缺乏、环境恶劣的中东地区小国，建设成为中东地区非产油国家中工业化程度最高和最富有的国家，在经济、科技领域跨入世界先进国家行列，我想其中最关键的因素就是以色列政府教育立国战略的持续实施和不断创新吧!

考察结束回国以后，整理考察资料，撰写《我的一生》和《创业的国度》的读书笔记，我发现边游学边读书边交流的考察经历，不仅扩展了视野，更实现了来自多角度的信息融合，有助于认知经验与理念建构的自我提升。

与朋友同行，与同伴交流，与阅读相伴，真好!

（罗　虹）

教育童话之旅

童　境

北欧是童话之乡：丹麦，安徒生诉说着不朽的童话故事；挪威，北海小英雄的发源地；芬兰，圣诞老人的故乡。这里有蜿蜒曲折的海岸线和深邃透蓝的海洋景观，这里创造了丰富生动的童话世界主人公：为爱不惜化身泡沫的小美人鱼，单纯可爱的丑小鸭，歌声清脆的小夜莺，海

阳光与落叶

豹、水妖、小精灵……北欧风光，充满了未知的神秘和奇幻色彩。

秋天的北欧，美得像一幅油画。我们就像童话世界里的小精灵，踮脚行走在飘满落叶的街道上，这里才是属于孩子的纯净之乡。有人说，来到北欧，你就可以像孩子一样快乐。

房前屋后，几只可爱的小羊驼悠然自得地啃着草，灌木树丛披着一层金黄，孩子们可以任意玩乐于这片辽阔深远的天地之间，这是大自然馈赠给他们最珍贵的礼物。

童话般的自然景观，犹如孩子纯净甜美的梦境。

童　心

生活在北欧的大人，都有一颗童真的心。这里不仅是孩子们的乐园，更是不想长大的成人们的天堂。芬兰首都赫尔辛基的儿童科技馆，有一张超乎寻常的高大桌椅，大人们想要坐上去，就必须要像孩子一样

悠然自得的小绵羊们

攀爬才可以。我们一行人端坐在又高又大的椅子上，像童话世界里的小人国，体验着孩子们的生活空间，用孩子的视角重新打量四周。那一刻，我突然觉得很感动、很惊喜，就像孩子发现了一个被藏起来的秘密。北欧人是有怎样一颗童心，才会想到并做到这一切的？

北欧人崇尚简约自由的生活理念，所以更愿意用一颗孩童般的心去生活。在芬兰考察时，一座雕塑吸引了我的目光。雕塑的下半部分是具象的成人模样，穿着西裤，拎着公文包在行走，上半部分是四方四正的长方体，没有身子也没有头像，就像契诃夫笔下的《装在套子里的人》，压抑、守旧、自我束缚。北欧城市强调自由、创新、开放、平等，只有挣脱约束的枷锁，才能找回遗失的童心。

童　趣

大自然是孩子最好的活动天地，北欧人崇尚自然、亲近自然，愿意

▼北欧，氤氲如梦

让孩子花更多的时间在大自然中自由探索。在这童话般的国度里，孩子的天性得以释放，他们从自然之中发现美，搜集美丽的小碎片，赋予其无限的想象，并亲手创造属于自己的童话小世界。

在考察某一幼儿园时，孩子们搭建的河流景观引起了我们一行人极大的兴趣。搭建的材料都是孩子们从自然中搜集而来的。落叶、树枝、石头、苔藓、木块，所有的材料在孩子手中变得生动有趣起来，他们一点点创造着童话王国里的冒险河流，也许安徒生笔下的拇指姑娘，就生活在孩子们搭建的童话世界里吧。

（刘　凌）

出 版 人　李　东
策划编辑　刘　灿
项目统筹　郑　莉　何　薇
责任编辑　郑　莉　杨建伟
版式设计　宗沅书装　杨玲玲
责任校对　贾静芳
责任印制　叶小峰

图书在版编目（CIP）数据

理智？情感？：中国校长芬兰、以色列考察笔记／郭华主编．—北京：教育科学出版社，2016.10（2016.12 重印）
（教育家书院丛书／顾明远主编．游学系列）
ISBN 978-7-5191-0826-7

Ⅰ．①理… Ⅱ．①郭… Ⅲ．①学校教育－研究－芬兰②学校教育－研究－以色列 Ⅳ．①G553.1 ②G538.2

中国版本图书馆 CIP 数据核字（2016）第 246192 号

教育家书院丛书·游学系列
理智？情感？　中国校长芬兰、以色列考察笔记
LIZHI? QINGGAN?　ZHONGGUO XIAOZHANG FENLAN、YISELIE KAOCHA BIJI

出版发行	教育科学出版社		
社　　址	北京·朝阳区安慧北里安园甲 9 号	**市场部电话**	010-64989009
邮　　编	100101	**编辑部电话**	010-64981357
传　　真	010-64891796	**网　　址**	http://www.esph.com.cn
经　　销	各地新华书店		
制　　作	宗沅书装		
印　　刷	北京尚唐印刷包装有限公司		
开　　本	169 毫米 ×239 毫米　16 开	**版　　次**	2016 年 10 月第 1 版
印　　张	13.5	**印　　次**	2016 年 12 月第 2 次印刷
字　　数	144 千	**定　　价**	49.80 元